I0554759

El Único Libro Sobre La Ley De Atracción Que Necesitarás

La Guía Completa Para Manifestar Dinero, Amor, Salud Y Todo Lo Que Quieras En La Vida

Layla Moon

Layla Moon

Layla Moon

Índice

4 Libros GRATIS   **1**

Introducción   **7**

Dónde empezó todo   9

Cómo funciona la Ley de la Atracción   20

Capítulo 2: La ciencia detrás de la ley de atracción   **24**

La ley de la atracción en la física   25

El universo como energía vibratoria   27

La respuesta es la intención.   29

El efecto Pigmalión   32

El efecto Golem   35

Capítulo 3: Definiendo las siete leyes de la atracción   **38**

Ley #1 - La Ley de la Manifestación   39

Ley #2 - La ley del deseo puro   41

La ley del equilibrio delicado   43

La ley del magnetismo 45

La Ley de la Abundancia 47

La ley de la expansión de la influencia 49

La ley de la sincronización 51

La ley de la acción concienzuda 54

Capítulo 4: Explicando las vibraciones 58

¿Cómo funcionan las vibraciones con la Ley de la Atracción? 59

Vibraciones positivas 65

¿Qué son las vibraciones negativas? 66

Capítulo 5: Atracción deliberada 74

Aprovechar el poder de la atracción deliberada 79

El poder de la visualización 86

Cómo evitar la atracción no deliberada 92

Cómo traer la atracción deliberada a tu vida 99

Habilidades a practicar para mejorar la atracción deliberada 111

Capítulo 6: Cómo los pensamientos y las palabras pueden guiar tu viaje 116

Palabras que se dicen y se piensan 117

Escribir afirmaciones 118

Aumenta tu confianza con afirmaciones 120

Las palabras que dices a los demás 122

Las palabras que le dices al universo 123

Tus palabras crean tu realidad 123

Capítulo 7: Los tres pasos de la Ley de Atracción 125

Paso 1: Identifica tu deseo   125

Paso 2: Creencia   126

Paso 3: Triunfa   128

Capítulo 8: Métodos de práctica   **130**

El método de apilamiento   130

El método del lapso de tiempo   132

Potenciadores de la atracción por gratitud   138

Método de escritura para manifestar   140

El método de manifestación   142

Capítulo 9: La meditación y la ley de atracción   **145**

Meditación para la Ley de Atracción   146

El poder de la meditación para atraer lo que quieres   147

Crear tu propia técnica de meditación   148

Los beneficios de la meditación   152

Los cinco pasos de la meditación   155

Conclusión   **161**

Agradecimiento   **163**

Layla Moon

4 Libros GRATIS

Para ayudarte en tu viaje espiritual, he creado 4 eBooks gratuitos.

Puedes obtener acceso instantáneo e ellos suscribiéndote a mi boletín de noticias a través del correo electrónico que te daré a continuación.

Además de los 4 libros gratuitos, también recibirás consejos semanales junto con regalos de libros, descuentos y mucho más.

Todas estas bonificaciones son 100% gratuitas y sin compromiso. No necesitas proporcionar ninguna información personal excepto tu dirección de correo electrónico.

Para obtener tu bono, ve a:

https://dreamlifepress.com/four-free-gifts

O escanea el siguiente código QR

Guías Espirituales Para Principiantes: Cómo Escuchar la Llamada del Universo y Comunicarte con tus Guías Espirituales y Ángeles Guardianes

Con la guía de la propia Moon, inspirada en sus propias experiencias y en los conocimientos que han sido transmitidos por cientos de generaciones durante miles de años, descubrirás todo lo que necesitas saber para:

- Entender qué es la llamada del universo

- Cómo escucharla y comprenderla

- Saber quiénes y qué son tus guías espirituales y ángeles de la guarda

- Aprender a conectar, iniciar una conversación y escuchar a tus guías

- Cómo manifestar tus sueños con la ayuda de la fuente cósmica

- Aprender cómo empezar a vivir la vida que quieres vivir

- Y mucho más...

La Ley de la Atracción: Manifiesta tu Deseo

Aprende a aprovechar el poder infinito del universo y a manifestar todo lo que quieres en la vida.

Incluye:

- La Ley de la Atracción: Manifiesta tu deseo ebook

- Libro de trabajo de la Ley de la Atracción

- Hojas de trucos y listas de control para asegurarte de que estás en el camino correcto

Libro De Hechizos Hoodoo Para Principiantes: Hechizos Fáciles Y Eficaces De Enraizamiento, Conjuro Y Protección Para La Curación Y La Prosperidad

Aprovecha el poder de una de las más grandes magias. El Hoodoo es una fuerza poderosa ideal para alejar la negatividad, promover la positividad en todas las áreas de tu vida, ofrecer protección a todo lo que amas y, en definitiva, tomar el control de tu destino.

En su interior, descubrirás:

- Cómo empezar a utilizar el Hoodoo en tu día a día
- Cómo utilizar los conjuros para manifestar la vida que quieres vivir
- Cómo los hechizos de protección pueden ayudarte a soportar los momentos más difíciles
- Cómo romper con los ciclos de mala suerte y promover la buena fortuna a lo largo de tu vida
- Hoodoo para fomentar la prosperidad y la estabilidad financiera
- Cómo curar traumas y problemas usando la magia Hoodoo, tanto a corto como a largo plazo
- Eliminar maldiciones y desterrar el dolor, el sufrimiento y la negatividad de tu vida
- Y mucho más...

El Libro De Las Sombras

Un PDF imprimible para apoyarte en tu transformación espiritual.

Dentro de sus páginas encontrarás:

- Una Hoja de seguimiento de pociones y tinturas

- Un registro de aceites esenciales

- Registro de hierbas

- Lista de control de rituales mágicos y objetivos corporales espirituales

- Hojas de lectura del Tarot

- Seguimiento semanal de la luna y los ciclos planetarios

- Y mucho más

Consigue todos los recursos GRATIS visitando el siguiente enlace

https://dreamlifepress.com/four-free-gifts

Layla Moon

Introducción

En lo que piensas te conviertes. Lo que sientes lo atraes. Lo que imaginas lo creas.

– Buddha

Por fin. El último libro que necesitarás cuando se trata de la ley de la atracción. Está aquí en tus manos. Durante las últimas dos décadas, me he abierto camino a través de este mundo, empezando desde lo más bajo y trabajando hasta llegar a un lugar en el que realmente puedo estar orgullosa de mí misma. Un lugar en el que me siento feliz de estar. Sin embargo, este libro no trata de mi viaje.

Es sobre el tuyo.

Lo que tienes en tus manos es tu guía completa de la Ley de

Atracción. Una guía diseñada para ayudarte a vivir tu mejor vida. ¿Te has preguntado alguna vez cómo hacerlo? ¿Te has encontrado alguna vez en una rutina interminable de la que parece que nunca puedes salir? ¿Sientes que la vida te retiene lanzando una cosa tras otra en tu camino? ¿Te has preguntado alguna vez cuál es la mejor manera de afrontar las cosas cuando las cosas se ponen difíciles? ¿Alguna vez has querido saber cómo ponerte en un camino del que puedas estar orgulloso; para vivir una vida con la que estés contento?

Las respuestas a todas estas preguntas se encuentran en la Ley de la Atracción. Algunos la llaman metodología. Algunos la llaman el secreto. Sea como sea, no hay duda de que a medida que avanzas por estas páginas, vas a aprender todo lo que necesitas saber para tomar el control de tu vida, quizás por primera vez.

Ahora, para ser claros, este es el último libro que necesitarás leer cuando se trata de la Ley de Atracción. Probablemente hayas leído los artículos en línea o el bestseller de Rhonda Bryne, y aunque son grandes libros, los encontré imposiblemente más complejos y espirituales de lo que necesitaban ser. Me encantaban, pero les faltaba algo, al menos para mí y para muchas otras personas con las que he hablado del tema.

Si eres nuevo en la Ley de la Atracción, este es un libro guía lleno de consejos prácticos que cambiarán tu vida. Estas páginas contienen años de investigación personal, experiencia, ensayo y error, y altibajos.

Es la definición de la Ley de la Atracción, lo que representa, cómo funciona y cómo puedes utilizarla para crear y manifestar la vida que deseas.

Este libro está diseñado para ayudarte a dejar de perder tu tiempo leyendo otros libros, asistiendo a seminarios al azar, charlando con terapeutas y entrenadores de vida, en lugar de permitirte invertir tu tiempo en tomar acción. Todo lo que he aprendido en las últimas dos décadas en un solo lugar. Nunca he encontrado una fuente de enseñanza que encapsule completamente cómo puedes hacer que la Ley de Atracción trabaje para ti de forma práctica.

Así que me puse a escribir la mía. Aquí está.

Dónde empezó todo

Para preparar el escenario, aquí está mi experiencia con la Ley de la Atracción. Esta es una sección corta para empezar las cosas, para que sepas quién soy y de dónde vengo. Más importante aún, puedes experimentar cómo la Ley de la Atracción, literalmente, cambió mi vida.

Empecemos por el principio. Hace unos 15 años, yo estaba en una rutina. Un reflujo, si se quiere. Tenía poco más de veinte años, vivía con una pareja que abusaba emocionalmente de mí, y nuestra relación estaba constantemente al borde de la ruptura. Estaba aislada del mundo. Tenía pocos amigos (o, al menos, no los veía a menudo), tenía un trabajo sin futuro y, para ser sincera, me odiaba a mí misma. Me atrevería a decir que me despreciaba.

Recuerdo que un día, antes de salir de mi sucio apartamento, me miré al espejo y me sacudí la cabeza. En voz alta, dije literalmente: "¿Qué estás haciendo contigo misma?" antes de seguir adelante.

No sé por qué lo dije o qué parte de mí decidió decirlo, pero sucedió. Esa era la única pregunta que quería responder seriamente, pero nunca encontré la respuesta. Me limité a agachar la cabeza y a trabajar todo lo que pude, pero no hice ningún progreso. Lo hice durante años.

Unos años después, tuve una especie de epifanía. Había trabajado como topógrafa durante dos años y la empresa para la que trabajaba era terrible. Pésimo servicio al cliente, lentitud en las entregas, un jefe malintencionado, un lugar de trabajo tóxico, todo. Así que decidí que éste era el nuevo capítulo que había estado esperando. Me propuse crear mi propia empresa. Tuve que quemar puentes para irme, pero no me molestó.

Este fue mi punto de inflexión.

Estaba decidida a hacer que funcionara y lo di todo, más motivada de lo que había estado desde que tengo uso de razón. Sin embargo, a medida que transcurría el primer año, me encontré en una situación surrealista en la que parecía que cuanto más me esforzaba por dar vida a mi negocio, menos dinero parecía ganar y más parecía fracasar. No importaba cuánto esfuerzo y tiempo pusiera en las cosas; mi trabajo no estaba generando ningún ingreso. Estaba luchando por mantenerme a flote.

Y así, después de muchos meses de intentar todo para sanar mi situación (que se me ocurriera), estaba perdida: físicamente agotada, triste y emocional, aletargada y completamente gastada. Mortificada, tuve que pedir dinero a amigos y familiares. Tuve que trabajar más duro que nunca para mantenerme, pero no podía evitar la sensación de que todo se me escapaba de las manos.

Tenía planes y sabía lo que tenía que hacer. Tenía ideas para el marketing y para ser más eficiente, y empecé a pensar en crear un equipo y sentar todas las bases que sabía que necesitaba, pero los planes son sólo eso. Planes. No eran mi realidad. Quizás fue un caso de intentarlo en el momento y el lugar equivocados.

Al final, puse un límite y acepté que el negocio había fracasado. No podía seguir pidiendo a la familia y a los amigos que me ayudaran a seguir adelante. La culpa y la vergüenza eran demasiado. Estaba arruinada y profundamente avergonzada. La negatividad, la tristeza y la desesperación se abatieron sobre mí y sentí que las cosas nunca cambiarían. Volvía a estar en este bucle y no estaba mejor que años atrás.

Todo se vino abajo. Tuve que rendirme. No me quedaba más lucha, y ya no quería intentarlo. Mi sueño se había desvanecido y era hora de seguir adelante.

Sé que suena un poco dramático, pero es la verdad. Si alguna vez has estado en una situación similar, sabes lo agotador que puede ser.

Desgraciadamente, como suele ocurrir en este tipo de situaciones, cuando llueve, diluvia. Habrás notado que cuando ocurren cosas malas, tienden a ser seguidas por un flujo interminable de otras cosas malas. Lo había dado todo para que el negocio funcionara y me quedé sin nada.

Había dejado mi casa, mi coche, mi dinero y mis relaciones. Me quedé sin más que unas pocas pertenencias personales en una maleta que arrastré durante todo un año. Tenía 25 años y vivía en apartamentos de amigos, sin quedarme más que unos pocos días por la culpa y el miedo de estar agobiando a alguien con mi presencia. Suena dramático, pero así es como me sentía realmente.

Esta era mi vida. Atrapada en un ciclo de tomar una decisión y sentir que cada vez me salía el tiro por la culata. Trabajaba muy duro para ahorrar el dinero suficiente para poder llegar a un lugar del que pudiera sentirme orgullosa, pero unas semanas más tarde, de alguna manera, me encontraba en descubierto con los pagos del préstamo acechándome.

Por supuesto, *tenía* que hacer *algo*. Estaba harta de este estado perpetuo de no saber qué estaba haciendo. Estaba harta de no tener ningún control sobre mi vida y de perder aparentemente mis horas siendo arrastrada por las corrientes del infortunio, arrojada contra las rocas de vez en cuando.

Por pura desesperación, recurrí a Internet. Como hace uno.

"Ya ves", me dije. "Aunque no sepa por dónde empezar ni qué hacer, tiene que ser mejor que esto".

Y así, empecé a buscar respuestas. Necesitaba algo. Tal vez todos somos un producto de nuestro entorno, y tal vez este era el problema. Así que empecé a pensar en cambiar mi entorno y hacer las cosas de forma diferente. No sé muy bien en qué estaba pensando, pero lo primero que hice fue ir a sentarme en el patio de una iglesia local.

Pensé que si todos estamos hechos de átomos y energía, quizá hubiera algún tipo de vibración o energía positiva que emanara de ese lugar. Al fin y al cabo, la gente lleva años haciéndolo a través de la oración. Estaba perdida. Al menos, si iba allí, podría sentir algún tipo de energía que me ayudara a salir de la situación en la que me encontraba. Si tenía suerte, tal vez Dios me iluminaría y me mostraría el camino.

Pensé que si sentarse en el exterior de un cementerio era lo suficientemente bueno para Einstein, debería serlo para mí. El único problema era que no podía sentir nada. Algunos gorriones buscaban comida en el suelo, pero eso era todo. Ningún despertar espiritual se agitaba bajo la superficie. Ningún momento de epifanía.

Pero entonces empecé a pensar en qué más podía hacer para intentar salir de la rutina. Sé que necesitaba cosas. Cosas materiales. Necesitaba dinero. Necesitaba un trabajo estable. Necesitaba averiguar qué hacer con mi relación abusiva y, desde luego, necesitaba trabajar en mis otras relaciones; ya fuera revitalizando viejas relaciones o encontrando otras nuevas.

Y lo que es más importante, necesitaba la confianza y el valor para salir al mundo y hacer que todas estas cosas sucedieran. Durante los últimos años, había intentado hacer que las cosas sucedieran. Intentaba hacer realidad mis sueños y eso sólo me había dejado peor que cuando empecé. Mi confianza y autoestima estaban por los suelos y eso tenía que cambiar.

Sobre todo, sentía que necesitaba una gota de cordura o de paz de una vez. Pero esto planteaba cuestiones muy importantes. ¿Cómo podía atraer todas estas cosas a mi vida? ¿Cómo podía atraerlas a mi vida?

Pensando en ello en el momento, todo me parecía tan excesivo que bien podría haber sido tachado de imposible.

Esa misma noche llegué a casa y busqué literalmente en Google "cómo atraer la estabilidad", y he aquí que vi artículos sobre la Ley de la Atracción. En ese momento de mi vida, la Ley de la Atracción era un concepto del que había oído hablar antes pero que, de alguna manera, parecía haber olvidado. Recuerdo que mi madre tenía un ejemplar de "El Secreto" de Rhonda Byrne en la estantería del salón de la casa de mi infancia. Mi abuela también solía hablar de la Ley de la Atracción cuando yo era más joven. Pasaba el primer día de cada año nuevo creando tableros de visión para ayudarla a manifestar su año, aunque yo no le prestaba mucha atención en ese momento.

También recordé haber visto un seminario de autoayuda en línea sobre la Ley de la Atracción. Interesante, pensé. Muy interesante. Era como si las piezas de un puzle empezaran a formarse en mi mente, tirando de viejos recuerdos que ni siquiera sabía que tenía. Sin ninguna otra solución en mente, me puse a ello. Empecé por informarme.

Al principio, no tenía ningún sentido. La idea de que se pudiera desear algo y obtenerlo me parecía extraña. Pero cuando empecé a leer más y a informarme sobre la ley, me di cuenta de que no era sólo un montón de tonterías de las que a la gente le gustaba hablar. No era una ilusión.

La Ley de la Atracción tenía legítimamente aplicaciones en el mundo real. La prueba estaba en todas partes y hay literalmente un sinfín de historias de personas que han utilizado la Ley de la Atracción para manifestar la vida de sus sueños.

Por ejemplo, oradores motivacionales como Tony Robbins hablan de la Ley de la Atracción y aplican sus conceptos de diferentes maneras, con estadísticas que muestran que ha llegado a más de 50 millones de personas. Celebridades como Will Smith y Jim Carrey hablan regularmente de sus experiencias de manifestación de sus deseos utilizando los mismos conceptos y técnicas que exploraremos a lo largo de este libro.

Arnold Schwarzenegger es un ejemplo popular de alguien que ha utilizado la Ley de Atracción para lograr algunos resultados poderosos. Conocido por ser un culturista talentoso en sus años de juventud, Arnold explicó en muchas entrevistas que quería ganar el título de Mr. Universo y que este era su sueño durante esta etapa de su vida. Por ello, solía imaginar y visualizar su éxito paseándose por los torneos en curso como si fuera el mejor y ya hubiera ganado el título.

Arnold empezó su carrera a los 15 años y acabó ganando el título de Mr. Universo a los 20, lo que es un logro increíblemente rápido dada la competitividad del sector. Es más, llegó a ganarlo seis veces más, y aunque hace tiempo que dejó de competir, su carrera de culturista ha dejado un legado duradero, y sigue siendo uno de los culturistas más famosos de la historia.

Incluso existe una competición de culturismo en EE.UU. llamada The Arnold Sports Festival, que se considera el segundo evento de culturismo más importante del mundo después del Mr. Olympia.

Schwarzenegger fue muy proactivo a la hora de utilizar la Ley de la Atracción, y los resultados han sido increíblemente claros a lo largo de su carrera como culturista, famoso actor de Hollywood, e incluso en su carrera política como Gobernador del Estado de California. Eso es mucho éxito para un solo hombre, pero esto es sólo un ejemplo de muchas personas que han utilizado la Ley para atraer al universo a su lado para manifestar la vida de sus sueños.

Jay-Z, Oprah Winfrey, Lady Gaga, Will Smith y Denzel Washington aplican la Ley de la Atracción en sus propias vidas y han hablado de ello públicamente. Incluso el famoso luchador de la UFC Conor McGregor aplica estas enseñanzas.

"Si lo ves aquí (en tu cabeza), y tienes el valor suficiente para decirlo, sucederá. Veo estos planos, veo estas secuencias, y no me asusto de ellas. A menudo, la gente cree en ciertas cosas, pero se las guarda para sí misma. No lo exponen. Si realmente crees en ello y te haces oír con ello, estás creando esa Ley de Atracción, y se hará realidad." - Conor McGregor, UFC 194.

Si tenemos en cuenta que libros sobre la Ley de la Atracción como "El Secreto" han vendido más de 35 millones de copias, y que incluso hay referencias a la Ley de la Atracción en escrituras como la Biblia, un texto escrito hace más de 3.000 años, esto demuestra que es algo que ha formado parte de la cultura humana durante, literalmente, milenios, y algo que merece la pena investigar.

Por supuesto, yo era escéptica. Pero al mismo tiempo, durante muchos años, había visto cómo ciertos amigos y familiares conseguían lo que querían. Conseguían hacer realidad sus sueños. Pedían grandes cosas durante las conversaciones casuales; una carrera mejor, más dinero, una casa o un coche nuevos, y yo observaba con asombro cómo sus vidas cambiaban gradualmente con el tiempo. Por mucho que trabajaran para conseguirlo (y créanme, lo hacían), sin saber siquiera para qué estaban trabajando, las cosas que querían acababan llegando a sus vidas.

Y yo nunca pude entender por qué parecía que me lo perdía. Cuando empecé, creía que la Ley de la Atracción era sólo una ilusión, una forma de sentirse mejor para la gente que no podía triunfar en el mundo real. Una forma de que la gente que no sabía lo que estaba haciendo con sus vidas intentara orientarse en una dirección más productiva. Sentía que era una de esas cosas que realmente sólo funcionaban en la televisión, y mientras algunas personas tenían la suerte de caer en la combinación correcta de buena suerte, buen momento y buen karma (una tormenta perfecta, por así decirlo), la gran mayoría de nosotros tenía pocas esperanzas a la hora de hacer que las cosas sucedieran. Creía que estábamos atrapados en nuestra suerte en la vida.

Pero entonces... acabé cambiando de opinión. La Ley de la Atracción no es una ilusión; es una forma de que la gente tome el control de su vida y la dirija hacia las cosas que quiere. La Ley de la Atracción no significa que te sientes y esperes que otros traigan a tu vida las cosas que quieres. Por el contrario, significa que si sabes lo que estás haciendo, puedes tomar el control de tu destino y hacer que las cosas sucedan.

Lo que encontré en mi propio viaje es nada menos que increíble...

Cómo funciona la Ley de la Atracción

¿Qué es la Ley de la Atracción? ¿Cómo funciona? ¿Cómo puedes aplicar la Ley de la Atracción a tu propia vida? Empecemos por lo básico.

La Ley de la Atracción. Para tener una comprensión básica de lo que implica esta ley, empecemos con la ciencia, y créeme, hay una tonelada de ciencia que apoya esto.

Todo lo que existe en el universo tiene una vibración energética. Ya seas tú, yo, el edificio en el que estás o el planeta, todos tienen una vibración. Esto puede sonar un poco complicado, especialmente si eres nuevo en la física cuántica, pero la premisa es realmente simple.

Los científicos han determinado que todo vibra, incluso los

átomos que componen la materia. Esto significa que todo está en constante movimiento, no sólo la Tierra que orbita alrededor del Sol a 67.000 millas por hora.

Esto se conoce como "vibración atómica", que se define científicamente como el "movimiento periódico de los átomos de una molécula en relación". En pocas palabras, las moléculas y los átomos vibran en relación con las moléculas y los átomos que los rodean.

Curiosamente, estos mismos componentes responden a la energía. Por ejemplo, si se calienta el agua, se está transfiriendo energía térmica al agua que no sólo la calienta, sino que hace vibrar los átomos y los electrones dentro de los átomos.

Así es como funciona; si centras tu atención en algo, tu mente recoge su energía y la envía al universo. Entonces atraes frecuencias de vibración similares. Piensas en algo que crea señales eléctricas o energía que se expanden y hacen vibrar a otros átomos. Veamos un ejemplo de la vida real.

Digamos que quieres un coche nuevo. Día tras día, lo único en lo que piensas es en tu deseo de ese coche; el color, el estilo, el interior de cuero, el sistema de sonido o la velocidad... lo que sea. Piensas en ese coche constantemente, y estos pensamientos se multiplican para crear una fuerte vibración. Se convierte en una poderosa frecuencia de energía que es enviada al universo e inmediatamente atrae frecuencias similares hacia ti.

¿Y qué ocurre? Consigues tu nuevo coche. La ley de la atracción te lo ha traído.

Al menos en teoría. En realidad, sin embargo, hay mucho más que eso, pero aquí es donde se empieza.

La Ley de la Atracción no consiste sólo en pedir cosas; se trata de sentir tus deseos con una intensa pasión y luego dejarte llevar, sabiendo que el universo ha captado tu mensaje y te traerá lo que deseas cuando sea el momento adecuado. No sirve de nada sentarse día tras día pensando en lo mucho que quieres algo si no lo sientes con cada fibra de tu ser. Cuanto más sientas lo que quieres, más fuerte será tu energía vibratoria y más fácil será manifestar tus deseos.

Si sólo piensas, oh bonito, sí, me encantaría tener un millón de dólares, pero te olvidas de ello y no lo sientes cada día, nunca va a suceder porque la energía vibracional no está presente.

Es la diferencia entre desear cosas y saber que ya tienes todo lo que necesitas para hacer realidad esos deseos. No hay duda de que la Ley de Atracción requiere práctica. No es un truco de magia que funcione de inmediato, pero puedes aprender a activarla a voluntad con tiempo y esfuerzo.

Eso es exactamente lo que vamos a cubrir en este libro, y cuando digo que va a ser el último libro que necesitas, lo digo en serio. Vamos a explorar todo lo relacionado con la ciencia que hay detrás de esta práctica y todas las formas diferentes en las que puedes empezar a hacerla funcionar para ti.

Así que, empecemos con la teoría.

CAPÍTULO 2

La ciencia detrás de la ley de atracción

Todo es energía y eso es todo. Iguala la frecuencia de la realidad que quieres y no podrás evitar obtener esa realidad. No puede ser de otra manera. Esto no es filosofía. Esto es física.

– Albert Einstein

Antes de aprender a utilizar la ley de la atracción conscientemente, es importante saber qué ocurre cuando la utilizas inconscientemente. Después de todo, si no eres consciente de la energía que estás enviando al universo, tienes muy poco control sobre la energía que estás enviando, y vas a atraer mucho desorden.

Se trata de tomar el control, pero primero tienes que entender cómo funciona. Ahora, construyamos sobre los cimientos que establecimos en el primer capítulo.

La ley de la atracción en la física

Según los físicos, todo nuestro universo está formado por cadenas de energía que vibran, conocidas como "partículas subatómicas". Por eso se dice que nuestro universo es una gran "vibración". Es una inmensidad interminable de partículas subatómicas vibrantes, y todo en nuestra realidad física, incluidos los seres humanos, está formado por ellas.

La forma en que se comportan estas vibraciones energéticas determina la naturaleza física de las cosas que nos rodean, incluyendo cómo nos sentimos, nos comportamos y actuamos. Esto se debe a que nuestro entorno físico no está separado de nosotros. De hecho, lo que te rodea ahora mismo es un reflejo de cómo te sientes.

¿Has notado alguna vez que cuando tu mente es un desastre, y sientes que estás perdiendo el control, o que siguen ocurriendo cosas malas, el resto de tu vida empieza a reflejarlo? Tal vez la ropa se acumula, los platos no se limpian, acabas por no ducharte durante días y tu habitación está cada vez más desordenada.

Tu entorno refleja tus vibraciones y tienes mucho control sobre él. Más de lo que crees. Eso es porque es tu espacio. Tus vibraciones interactúan y se conectan con las vibraciones de nuestros ambientes, del entorno y de otros seres vivos.

¿Te has dado cuenta de que si estás nervioso cerca de un perro, el perro actuará nervioso, ansioso o incluso a la defensiva? Sin embargo, si te muestras confiado y atento, el perro se sentirá mucho más cómodo. Este es un ejemplo de la interactividad de la energía vibracional.

Esto no sólo ocurre a nivel personal. La ciencia se basa literalmente en estas ideas. Por ejemplo, cuando los átomos de hidrógeno se comprimen entre sí en las condiciones adecuadas, se fusionan y forman helio (este proceso se conoce como fusión nuclear, que emite energía). Cuando las moléculas de agua se calientan hasta el punto de ebullición, se evaporan en forma de vapor.

Curiosamente, cuando los científicos empezaron a estudiar la relación entre la vibración y los fenómenos observables, descubrieron que cada nota de la escala musical se corresponde con un tipo diferente de partícula que vibra a una velocidad distinta. Es importante señalar que la palabra "nota" podría sustituirse por la palabra "frecuencia".

Las notas de una escala musical pueden utilizarse para describir diferentes tipos de emociones humanas. Cuando nos sentimos felices, es como tocar una nota La. Cuando nos sentimos tristes, es como tocar una nota Re. Utiliza un piano en línea y pruébalo por ti mismo, y notarás el cambio en los sentimientos (que en realidad es un cambio en la energía vibratoria) casi al instante. Aquí es donde entran en juego los acordes menores y mayores.

De la misma manera que las notas pueden transponerse a diferentes frecuencias cuando se tocan en diferentes instrumentos, las emociones humanas también pueden transformarse cambiando su frecuencia. La mente puede cambiar cómo nos sentimos al cambiar su vibración. Por eso podemos sentirnos más felices, menos estresados y más positivos simplemente escuchando música edificante o viendo algo divertido.

¡Esto es la transferencia de diferentes frecuencias vibratorias en pleno efecto!

El universo como energía vibratoria

Todos los átomos de nuestra realidad observable vibran y resuenan a diferentes frecuencias. Los átomos que componen nuestro planeta, por ejemplo, vibran a una determinada velocidad. Las interacciones entre estas vibraciones nos dan "eventos o fenómenos observables" y crean los diferentes elementos y fuerzas de nuestro mundo físico: la gravedad, la radiación electromagnética, etc.

Aunque funcionen por separado, estas vibraciones atómicas están todas vinculadas. Todo está interconectado y ejerce influencia sobre todo de una u otra forma. Esta interdependencia crea nuestra realidad. Es el tejido de la realidad que mantiene todo unido. Es un concepto alucinante, que se puede comprender y no comprender al mismo tiempo.

Si cambias la velocidad de la vibración de una partícula, cambias su frecuencia. Si cambias la frecuencia de una partícula, cambias su comportamiento y, por tanto, todo el universo observable. Si cambias el comportamiento de una partícula, cambias tu realidad física.

Así es como funciona el universo: Cuando un grupo de átomos se reúne y resuena en la misma frecuencia, forman "partículas" conocidas como partículas subatómicas. Éstas pueden descomponerse aún más en pequeñas frecuencias oscilantes de energía que vibran cada vez que una onda electromagnética entra en contacto con ellas.

Esto es todo lo que hay en el universo: Partículas vibratorias de energía que conforman una vibración o una frecuencia, y estas frecuencias pueden ser modificadas por resonancia o armonización (es decir, por ondas de electricidad). Cada una de estas frecuencias crea un tipo diferente de partícula, mientras que cada tipo de partícula tiene una estructura atómica y una frecuencia diferentes, lo que en última instancia determina cómo estas partículas interactuarán entre sí.

Esto puede ser difícil de entender, ya que nos percibimos como muchas cosas diferentes: personas, animales, objetos, etc., pero en el gran esquema de las cosas, todo lo que existe es energía.

Esto nos lleva a una pregunta fundamental: si sólo estamos hechos de energía, que crea diferentes frecuencias a través de diferentes relaciones, entonces ¿qué crea estas relaciones?

La respuesta es la intención.

La intención (o el pensamiento) crea relaciones e interacciones entre las frecuencias. Cuanto más nos concentramos en algo, más claro se vuelve y más fuerte es la relación entre las dos energías.

Si piensas en elefantes rosas todo el día, empezarás a ver elefantes rosas por todas partes, aunque antes no hubiera ninguno a la vista. Un ejemplo común es cuando piensas en comprar un coche nuevo. Puedes probar un coche y, durante la semana siguiente, verás la marca y el modelo de ese coche allá donde vayas.

Esto ocurre porque estás tan concentrado en algo que tus pensamientos lo manifiestan en el mundo físico que te rodea. Todo lo que te ocurre es creado por tu propia mente. Tu mente es tu realidad. Lo que percibes y piensas es tu mundo. Si no piensas en ello, no lo ves, ni te enfocas o percibes algo, entonces no existe para ti.

Eso no significa que no esté físicamente ahí. Es como un extraño que se cruza contigo en la calle. Si no los conoces y no significan nada para ti, no te fijas ni les prestas atención. En cambio, si es tu pareja y la quieres mucho, puede que sólo te fijes en ella y en nadie más. La realidad de cada persona es diferente.

Esto me recuerda una vez que pasé por una ruptura. La energía de la ruptura trajo consigo sentimientos como la ira, la tristeza, la soledad y la separación, y estos eran los sentimientos que veía en todo el mundo que me rodeaba. Todo mi mundo estaba lleno de padres gritando a sus hijos, otras parejas peleando y películas tristes.

Tus pensamientos y la energía de tus pensamientos manifiestan esta realidad para reflejar tus sentimientos. Reduciendo esta idea, sólo existe una ley universal.

Lo semejante atrae a lo semejante.

La tristeza atrae a la tristeza. La riqueza atrae a la riqueza. La paz atrae a la paz. Tu mente y tu energía se reflejan en tu realidad. Por lo tanto, tu mente crea tu realidad. Lo que pones es lo que recibes.

Es la ley de la atracción.

Aquí está la misma lógica como una fórmula:

*Intención + Enfoque = Frecuencia (energía) Frecuencia →
Atrae una frecuencia similar → Manifestación*

Enfócate en lo que quieres y pasa muy poco tiempo en lo que no quieres, y esta energía viajará hacia el universo para atraer frecuencias similares. Cuantos más pensamientos tengas sobre lo que quieres, más fuerte se volverá esa frecuencia, y más rápido y más firmemente se manifestará en tu mundo físico.

Sin embargo, hay otros efectos que intervienen en la Ley de la Atracción, y comprenderlos aporta mucha claridad.

El efecto Pigmalión

El efecto Pigmalión es un fenómeno social en el que los individuos elevan su propio nivel de rendimiento para alcanzar lo que perciben como el nivel de rendimiento esperado para alguien en su posición. Esto puede verse de muchas formas, ya sea que los atletas quieran ganar porque piensan que ganar es lo que se espera de ellos o que los estudiantes estudien más porque sus padres esperan más.

Desde un punto de vista evolutivo, el efecto Pigmalión es una forma de autoconservación. Si cumples ciertas expectativas, serás aceptado por el resto de la comunidad y tendrás más probabilidades de sobrevivir.

Para ponerlo en un ejemplo práctico, imagina que eres un jugador de un equipo de fútbol. Como eres parte del equipo y estás practicando y mejorando, sobre todo ganando partidos y mejorando tu habilidad como jugador, llegarás a creer que eres bastante bueno en el juego. Estas son las expectativas que tienes de ti mismo, o las expectativas que crees que otras personas tienen de ti, es decir, tus fans, tu entrenador, tu familia y amigos, tu escuela o universidad, o el resto de tu equipo.

El efecto Pigmalión puede ser algo positivo, y generalmente se considera así desde el punto de vista profesional. Las altas expectativas pueden, de hecho, impulsar a las personas a rendir más porque están tratando activamente de igualar las expectativas que se han establecido para ellos. Desde el punto de vista de la Ley de Atracción, esto tiene sentido.

Si estás rodeado por las vibraciones de que eres un ganador y vas a tener un buen desempeño y cumplir con estas altas expectativas, entonces manifestarás una realidad en la que realmente te estás desempeñando a ese nivel esperado.

En tu propia vida, podrías establecer la expectativa de que eres un buen padre o que tienes un alto rendimiento en el trabajo, y así rodearte de estas vibraciones hace que vivas tu vida a ese nivel. Es la Ley de la Atracción 101.

Sin embargo, tienes que ser consciente de que esto puede funcionar en sentido contrario dadas las circunstancias adecuadas.

En cambio, llega un partido importante, como la final de un campeonato, y cometes un error que te lleva a perder el partido, como fallar el tiro ganador, fallar una entrada o hacer una falta. Esta situación va en contra de todas las expectativas que tenías de ti mismo.

Pensabas que eras muy bueno en lo que hacías, pero a la hora de la verdad, no fuiste capaz de rendir.

En una situación como ésta, es casi imposible no sentirse decepcionado con uno mismo, y son sentimientos que perdurarán y jugarán en tu mente. En una situación como ésta, los pensamientos pueden jugar en tu mente durante semanas, meses o incluso años. Si los pensamientos se convierten en tu forma de pensar, tu autoestima y tu autovaloración bajan, y esto se convierte en la energía que estás lanzando al universo.

Al final del día, podría haber un millón de variables de por qué no se cumplieron tus expectativas, y muchas de ellas pueden no haber sido ni siquiera tu culpa, pero la situación sucedió y ahora te quedas en este espacio, lleno de energía negativa y decepcionada. Así, la Ley de Atracción comienza a trabajar con esta energía, y entrarás en una espiral descendente.

Por supuesto, esto no sólo se aplica a un deportista, sino a cualquier persona que tenga un trabajo o un sueño de hacer algo. Podría aplicarse a tus relaciones, a tu familia o a tu salud individual. Más adelante hablaremos de esto, pero incluso podría ser algo como ponerse a dieta y luego comer una pizza para llevar que te lleve por el mismo camino de pensamiento.

La solución al Efecto Pigmalión es sencilla. Si quieres que alguien rinda más de lo que suele hacer, cambia tus expectativas centrándote en las veces que ha tenido éxito. Claro, esto podría no ser suficiente para cambiar completamente tus expectativas principales, especialmente si la experiencia dice que debes tener cuidado, pero te dará algo positivo en lo que centrarte.

Al igual que la Ley de la Atracción, el Efecto Pigmalión puede reducirse a la afirmación de que "si tienes una actitud positiva, entonces tendrás un resultado positivo".

El efecto Golem

Al igual que el Efecto Pigmalión, el Efecto Golem es un fenómeno social con un concepto de raíz similar: se atrae lo que se piensa. El Efecto Golem afirma que cuando un individuo tiene pensamientos o expectativas negativas sobre el rendimiento (o la falta de él) de otra persona, es probable que ésta fracase. Muy parecido, pero no igual.

Mientras que el Efecto Pigmalión puede aplicarse a los pensamientos sobre uno mismo o sobre los demás, el Efecto Golem se refiere a la forma en que uno expresa sus pensamientos y cómo afecta a la energía de los demás. Por ejemplo, esto se ve comúnmente en la política y en los debates en los que los candidatos tratan de convencer al público de que su oponente no será capaz de manejar algo, como estar en el cargo o manejar un tema específico.

En otras palabras, cuando la gente oye "el candidato A no está cualificado para este puesto" suficientes veces, empieza a esperar el fracaso del candidato A. Este es el poder de las afirmaciones.

Esto se ve todo el tiempo en las escuelas, colegios y universidades, en las relaciones familiares y románticas, entre amigos, en el lugar de trabajo, etc. Por eso a la mayoría de la gente le encanta una buena película sobre un desvalido. A nivel personal, es inspirador ver al protagonista desafiar las expectativas y triunfar a pesar de la energía negativa que recibe de todos los que le rodean. Su fe en sí mismo supera con creces las vibraciones negativas y restrictivas de su entorno.

Hace poco, visité a mi tío y a mi tía para una cena familiar de Navidad, y nos encontramos hablando de salud y dieta. Mi tío, que es diabético, está intentando perder peso, y tanto mi tía como mi tío estaban discutiendo sobre cómo han intentado cambiar su dieta.

'Lo haré. Perderé una piedra para finales del año que viene,' exclamó mi tío con rotundidad.

'No, no lo harás, lo dijiste el año pasado, y has engordado. No me lo creo', respondió mi tía.

'No, lo haré. Tú mira'.

Fue una conversación interesante de ver. Hay dos fuerzas opuestas en juego, y se trata de ver de quién es la creencia que manifestará la realidad deseada. Si mi tío escucha a mi tía y toma la energía vibratoria que ella envía al universo, no perderá peso.

Por otro lado, si cree en sí mismo con la suficiente fuerza, a través del poder de la Ley de Atracción, como veremos más adelante en este mismo libro, tendrá éxito. Este es el tipo de poder con el que estamos trabajando.

Con estos efectos en mente y una comprensión más sólida de la Ley de Atracción, podemos ver que la energía atrae energía similar. Esa es la base de este proceso. La energía que pones en el mundo a través de tus pensamientos, tus acciones y tus decisiones es la energía que recibirás de vuelta, y una vez que entiendes esto, puedes empezar a tomar el control.

Esto significa controlar la energía que emites, y por lo tanto controlar la energía que recibes de vuelta. Se trata de ser intencional con tu vida. Empezarás a ver oportunidades que antes no habrías visto, cosas que pueden ayudarte a conseguir lo que quieres.

Capítulo 3

Definiendo las siete leyes de la atracción

Tú creas tus pensamientos, tus pensamientos crean tus intenciones y tus intenciones crean tu realidad.
— Wayne Dyer

La capacidad de sincronizar tu mente con el universo para atraer lo que quieres es una habilidad poderosa, pero es imposible ponerla en práctica si no eres consciente de cómo funciona.

Aunque hay cientos de libros escritos sobre este tema, es importante tener en cuenta que sólo hay siete leyes fundamentales de la atracción. Estas leyes actúan como base para todo lo demás. Creadas a través de años de estudio e investigación en mecánica cuántica, psicología, metafísica y otras disciplinas, son esenciales para crear una base sólida sobre la que se puede construir el resto de tu conocimiento.

Ley #1 - La Ley de la Manifestación

Ser consciente es una elección. Es una elección de traer tu conciencia al momento presente, dándote la oportunidad única de ver lo que está sucediendo y por lo tanto priorizando en lo que te enfocas y la dirección que tomas en tu vida.

La Ley de la Manifestación se basa en el concepto de que toda la realidad manifestada en el universo comienza con un pensamiento. Este puede ser un pensamiento consciente o un pensamiento inconsciente que circula en tu mente, a veces sin que te des cuenta.

Independientemente de su origen, tu pensamiento tiene el potencial de manifestarse en tu vida a través de la Ley de Atracción.

Todo lo que ves en tu vida comenzó como una idea, y aquí hay un ejemplo sencillo para demostrarlo.

¿Cómo se puede manifestar una manzana?

Primero, necesitas decidir que deseas una manzana. En este ejemplo, elegir una deliciosa manzana roja en lugar de una verde no importa porque, en realidad, la "aplicación" no es lo que decide si puede hacerse realidad o no. Simplemente has decidido que quieres una.

Entonces, has tenido este pensamiento inicial, enviando así esa energía al mundo. Con ello, comienzas un proceso de tres pasos.

El primer paso consiste en tener una idea clara de lo que quieres. Sin tener 100% claro lo que quieres, no vas a poder enviar las vibraciones necesarias para manifestarlo. Cuanto más claro puedas ser con tu objetivo, con más precisión serás capaz de traerlo a la existencia.

El segundo paso consiste en tener una visión o idea clara de dónde y cómo quieres que aparezca esta manzana. Si el primer paso es el qué, el segundo tiene que ver con el cuándo y el cómo.

Tienes que pensar en qué dimensiones existe: ¿es una imagen en la pantalla del ordenador, una manzana real que puedes tocar y sostener, o una manzana que existe en tu imaginación? Este proceso define aún más tu deseo y ayudará a que las manifestaciones sean más precisas.

Aporta claridad a tu deseo. Aquí es donde entra en juego el

poder de la visualización, y cuanto más definido puedas estar con lo que quieres, más trabajará la Ley de Atracción a tu favor.

Más adelante hablaremos de esto, pero por ahora, concéntrate en tus sentidos. Enfócate en todos los detalles posibles. ¿Cómo se siente? ¿A qué sabe? ¿De dónde vendrá?

El tercer paso consiste en creer que tus pensamientos pueden hacerse realidad. Tienes que creer de verdad que lo que estás viendo tiene el potencial de ser real. Si dedicas todo este tiempo y energía a pensar en manifestar una manzana en tu vida, pero luego te dices a ti mismo: "Ah, ¿de qué sirve? Nunca va a suceder'. Por supuesto, nunca va a suceder porque tu pensamiento ahora está anulando tu deseo de una manzana.

Esta es la Ley de la Manifestación.

Ley #2 - La ley del deseo puro

La Ley del Deseo Puro afirma que atraes a tu vida todo aquello en lo que te concentras intensamente, tanto si esos pensamientos son positivos como negativos. Positivamente, esto significa que si te mantienes comprometido con algo el tiempo suficiente, lo verás manifestarse en tu vida.

Negativamente, esto significa que si te obsesionas continuamente con algo o alguien, también lo verás manifestarse en tu vida, para bien o para mal.

Para que la Ley de Atracción trabaje para ti, necesitas tener un deseo puro por lo que quieres manifestar. Esto significa que si estás apuntando a algo que realmente no quieres o no crees, entonces no se va a manifestar. Simplemente no lo quieres con la suficiente fuerza.

Aquí es donde muchas personas malinterpretan la Ley del Deseo Puro. Creen que la atracción sólo es posible si su objetivo es lo suficientemente grande y abrumador como para comandar todos sus pensamientos. Piensa en las metas como las Resoluciones de Año Nuevo, donde la gente espera poder introducir un nuevo ángulo en su vida que cambiará sus vidas para siempre.

El problema es que este tipo de objetivos suelen ser grandes y generales. No son lo suficientemente específicos como para que la persona vea claramente cómo conseguirlos o qué pequeños pasos hay que dar diariamente.

Como resultado, planifican continuamente su objetivo sin llevar a cabo ninguna acción real. Tener un objetivo amplio es sólo un deseo. Una fantasía. Un sueño. No es lo suficientemente poderoso como para inspirar ninguna acción, por lo que el deseo nunca se manifiesta.

El deseo puro significa no sólo querer algo, sino querer y necesitar ese deseo más que nada. Si deseas tanto algo pero luego piensas: "Oh, mis padres no querrán que siga ese camino..." o "Oh, no creo que tenga suficiente dinero para llevar a cabo esa idea", estás poniendo excusas y por lo tanto no se manifestará.

Necesitas desear lo que quieres puramente, tanto que nada se interpondrá en tu camino. Nada te frenará. Puedes pensar en excusas, pero son rápidamente descartadas porque sabes en tu alma que encontrarás la manera de hacerlo funcionar, cueste lo que cueste. No tienes miedo de buscar esos deseos ni de vivir en una realidad en la que eso existe.

Crees que eres digno de lo que quieres y que mereces lo que deseas. Esta es la Ley del Deseo Puro.

La ley del equilibrio delicado

La Ley del Equilibrio Delicado es una de las leyes fundamentales que a menudo no se reconoce. Esta ley establece que recibirás de vuelta lo que pongas, ni más ni menos. Es el Yin y el Yang de la ley de la atracción. Siempre tiene que haber un equilibrio con todo en la vida, aunque tarde en manifestarse.

Es una ley que asegura que eres capaz de manifestar tus objetivos de forma sostenible, que puedes permanecer con los pies en la tierra y que eres capaz de vivir tu vida adecuadamente.

Para que esto quede claro, imaginemos que centras tu atención en manifestar la carrera de tus sueños. Un ejemplo sería emprender la búsqueda para manifestar la carrera de tus sueños.

Una vez que la idea de perseguir tu sueño está ahí, puedes empezar a hacerla realidad. En este caso, significa trabajar duro y tomar las decisiones correctas, aprovechando las oportunidades profesionales cuando se presenten en el momento adecuado. Sin embargo, en algún momento habrá que hacer sacrificios.

Sin embargo, durante este periodo de trabajo duro, puede resultar muy fácil que otras áreas de tu vida se desequilibren en pos de este objetivo final y, para abreviar, la Ley del Equilibrio Delicado ayuda a garantizar que no acabes en espiral y lo pierdas todo.

Por ejemplo, podrías empezar a trabajar muchas horas en la oficina, pero sacrificas otros aspectos importantes de tu vida, como no comer, dormir, socializar o hacer ejercicio adecuadamente.

Con el tiempo, empezarás a sentirte poco saludable, solo y con riesgo de desarrollar problemas de salud mental. Debido a esta energía negativa, tu objetivo original acaba alejándose más de ti porque estás atrayendo todas estas cosas negativas. Por ejemplo, si estás trabajando duro y te dices constantemente a ti mismo "Oh, estoy tan cansado y quemado todo el tiempo", esto es lo que manifestarás, y tu sueño original de cumplir una meta profesional se alejará a medida que empieces a resentir cómo estás viviendo tu vida.

La Ley del Equilibrio Delicado asegura que tus deseos se cumplan en el momento adecuado, de forma natural, sin esfuerzo adicional por tu parte. En este caso, si necesitas aprender a cuidarte y a equilibrar el trabajo y el ocio, esta ley se asegurará de que no alcances este objetivo hasta que seas capaz de hacerlo con éxito.

La Ley de la Atracción trabaja dentro de ti, y no te permitirá cumplir tu objetivo final sólo para que lo tires por la borda porque no tienes las habilidades o capacidades para sostenerlo.

La ley del magnetismo

La Ley del Magnetismo establece que la gente, los eventos y las situaciones son atraídos hacia ti por tus pensamientos. Los pensamientos que resuenan con lo que quieres manifestar serán amplificados por esta ley, mientras que los que no resuenan serán apartados de tu realidad.

Por ejemplo, si quieres conocer a alguien que te haga reír, esto será amplificado por la Ley del Magnetismo y provocará situaciones en tu realidad donde la gente te haga reír (o al menos lo intente).

Por eso es importante que te centres en lo que es genial en tu vida porque esto te hará sentir mejor, y te permitirá atraer aún más cosas geniales a tu vida.

Leyes específicas gobiernan el mundo físico, así como las leyes mentales gobiernan nuestros pensamientos. La Ley del Magnetismo se ocupa de las cosas que llegan a tu vida y que parecen ocurrir por casualidad o coincidencia. Esto incluye a personas que nunca has conocido y que se ofrecen a ayudarte, oportunidades que aparecen aparentemente de la nada y eventos aparentemente aleatorios que cambian tu vida.

No hay accidentes en el Universo, y todo está conectado. Esto incluye tu conexión con otras personas que están a miles de kilómetros de distancia, completos extraños. Nunca puedes saber dónde o cuándo una persona aparecerá en tu vida - podría ser a través de la Ley del Magnetismo, incluso si parece una coincidencia.

La Ley del Magnetismo te permite ver cómo todas las piezas se unen a medida que los eventos, las personas y las experiencias fluyen en tu vida para traerte mejor suerte de la que jamás creíste posible. Puedes seguir este principio para encontrar esas oportunidades en las que hay dinero de por medio, pero no te detengas ahí.

Muchas personas se centran en el dinero que buscan, pero la Ley del Magnetismo puede traer a su vida algo más que dólares y céntimos. Tú también puedes ver tu salud mejorar a través de esta ley. Todo está conectado: cuanto mejor sea tu salud, mejor será tu vida. Un cuerpo sano genera una mente sana que atrae a personas y circunstancias positivas a tu vida.

Si has tenido una racha de mala suerte, la Ley del Magnetismo puede ayudarte a descubrir por qué está ocurriendo. Cuando puedas identificar la causa de tus problemas, será mucho más fácil solucionarlos.

La Ley de la Abundancia

Mientras que la Ley del Delicado Equilibrio dice que obtendrás lo que pongas (ni más ni menos) y que todas las áreas de tu vida deben tener equilibrio, la Ley de la Abundancia afirma que siempre tendrás lo suficiente, independientemente de lo que busques, y que hay más que suficiente para todos.

Si decides que quieres tener una casa junto al mar, la ley de la abundancia te asegura que seguirás teniendo todas tus necesidades cubiertas, aunque todavía no tengas una casa junto al mar. La mayoría de la gente interpreta que debe conformarse con lo que ya tiene, pero eso no es del todo cierto.

Esto es importante porque puedes poner excusas para no hacer cosas en tu vida. Podrías decir que no puedes escribir un libro superventas porque muchas otras personas lo están haciendo. No puedes convertirte en atleta porque hay gente más rápida que tú. No puedes conseguir ese ascenso porque muchos de tus colegas ya lo están haciendo.

En cuanto a las afirmaciones, si dices afirmaciones como ésta, afirmaciones como "no puedo conseguir ese ascenso", entonces no lo conseguirás porque ésta es la energía que estás emitiendo, y la Ley de Atracción actuará en consecuencia. Sin embargo, puedes asegurarte de no alimentar estas afirmaciones confiando en la Ley de la Abundancia, que asegura que hay más que suficiente éxito, dinero, fama, amor, paz, felicidad, etc.

El hecho de que otra persona lo tenga no significa que haya

menos para ti, pero si crees que no hay suficiente, entonces esta es la realidad que manifestarás.

Esta es una ley brillante para asegurarte de que no te quedes atascado en la mentalidad de decir: "Oye, todos los demás tienen éxito, así que ellos lo tienen, y yo no puedo". Todos tenemos acceso a todo lo que queremos, a nuestras propias formas de éxito a nuestra manera. Se trata de llegar a tomarlo en lugar de culpar de nuestra falta a los demás.

La ley de la expansión de la influencia

¿No es cierto que a todo el mundo le vendría bien un poco más de bondad en su vida? Esta idea personifica este sentimiento. El Efecto Mariposa está relacionado con la Ley de la Influencia Expansiva, salvo que es más aplicable a la benevolencia.

La premisa principal de la Ley de la Influencia Expansiva es que un simple acto de bondad realizado por una persona puede repercutir en cientos de personas a lo largo de la cadena de contacto. Es la noción de que su acto de bondad puede tener un impacto enorme.

Permítame darte un ejemplo. Imaginemos que una mujer va caminando por la calle y entra en contacto con otra mujer vestida con un impresionante vestido. Ella elogia el hermoso vestido de la mujer, poniéndola de mejor humor. Ella trata a su jefe con un poco más de amabilidad ahora que está de mejor humor, y él, a su vez, trata mejor a sus empleados.

Los empleados están de mejor humor y son más amables con sus familias cuando vuelven a casa. El comentario inocuo de la mujer ha influido en decenas de personas. Imagínate que ese mismo día felicita a cinco personas más, lo que hace que la amabilidad se extienda aún más. Se trata de una reacción en cadena, o efecto mariposa.

Lo contrario también es cierto. Considera el siguiente escenario: es un día lluvioso y un hombre ha olvidado su paraguas, así que al subir al autobús, menosprecia al conductor. El conductor está ahora de mal humor, y todos los que suben o bajan del autobús son tratados con un poco menos de cortesía. Todas las personas con las que entra en contacto están ahora de mal humor o, como mínimo, no se sienten tan amables. Salen al mundo y difunden esa negatividad, y el ciclo continúa hasta que alguien rompe la cadena, permitiendo que se proyecte una imagen más positiva sobre los demás.

No estoy sugiriendo que si alguien te da algo un poco más complicado de lo habitual vaya a perjudicar a la humanidad, pero ciertamente no ayudará a la humanidad. Y quién sabe, tal vez esa melancolía se convierta en algo más grande que un mal humor. ¿Y si contribuye a la violencia familiar o enseña a un joven una terrible lección? Los seres humanos somos impresionables, y estamos más influenciados por quienes nos rodean de lo que creemos. Como al mundo siempre le vendría bien un poco más de amabilidad, lo único que sugiero es ser amable. Nunca se sabe el impacto que puede tener en alguien.

La ley de la sincronización

La Ley de Sincronización establece que atraerás cosas, eventos y personas en tu vida que están en resonancia con las vibraciones que tienes dentro. Significa que las vibraciones que tienes dentro de ti y las que emites al universo atraerán a aquellos que están sincronizados con esas frecuencias. Esto es sólo la construcción de lo que he cubierto, la premisa de que lo similar atrae a lo similar. Esta es la ley que hace que eso ocurra.

Por ejemplo, si te sientes feliz, confiado y entusiasmado, tu vibración se sincronizará con estos sentimientos y atraerá situaciones con sentimientos similares. Como resultado, tus experiencias serán más satisfactorias y agradables, y te encontrarás conectando con otras personas que sienten lo mismo.

En teoría, podrías tratar de ignorar lo que sientes, pero esto podría, a su vez, hacer que bloquees lo que quieres manifestar. Por ejemplo, digamos que estás enfadado con tu jefe, pero finges que todo está bien e ignoras tus sentimientos porque quieres seguir trabajando duro para cumplir tus sueños de tener éxito en tu carrera.

Sin embargo, sentirte enfadado con tu jefe puede ser una señal para encontrar otro trabajo, y es en este nuevo lugar de trabajo donde acabas teniendo éxito en tu carrera. Ignorar tus sentimientos es ignorar el camino que debías tomar, impidiendo así la manifestación de tu éxito.

Si escuchas a tu mente subconsciente, aceptas tus sentimientos y emociones, y te mantienes presente, puedes sintonizar con lo que realmente sientes, siguiendo tu camino para finalmente manifestar lo que deseas.

La naturaleza es un excelente ejemplo de equilibrio. La naturaleza tiene una sincronización perfecta: todos los seres vivos se levantan al amanecer y se van a dormir al anochecer, sustituidos por los animales nocturnos. Las plantas y los animales crecen y se reproducen a determinados intervalos, todos sincronizados entre sí.

Los vientos del Ecuador, por ejemplo, llevan el polvo del desierto del Sahara a las selvas amazónicas de Sudamérica, fertilizando el suelo para que crezca nueva vida vegetal. A escala global, el planeta está equilibrado. Incluso los cometas y asteroides que han chocado con la Tierra en los últimos millones de años contenían minerales que conforman nuestro planeta actual. El universo está en equilibrio.

Una de las mejores cosas que puedes hacer es estar atento a las señales y a las conexiones que te rodean. Busca la sincronización que tiene lugar en tu día a día. La mejor manera de hacerlo es aumentar la conciencia de tu entorno. Cuanto más consciente seas, más fácil te resultará encontrar lo que quieres en la vida, porque todo está interconectado, como un gran puzle o juego que todos intentamos resolver.

Cuando te das cuenta de que todo forma parte de ti, empiezas a entender por qué suceden las cosas. También verás con qué facilidad tus pensamientos y sentimientos afectan al mundo que te rodea. También es importante saber que cada ser vivo tiene su propia frecuencia individual, un conjunto único de vibraciones.

Piensa en una emisora de radio y en cómo emite en una determinada frecuencia. Puedes sintonizar esta frecuencia o no. Esto es lo que ocurre cuando la gente "sintoniza" tu frecuencia: reciben tu señal. Cuando captan tu frecuencia, pasas a formar parte de sus vidas.

La ley de la acción concienzuda

La Ley de la Acción Concienzuda afirma que "atraemos a nuestra vida lo que nos comprometemos a crear". Esta ley complementa a las demás, concretamente a la Ley del Deseo Puro.

La gente tiende a aplicar esta ley a su crecimiento y desarrollo personal, pero puede aplicarse a cualquier cosa. Si deseas algo nuevo en tu vida -ya sea una casa o un coche nuevos, relaciones saludables, mejores finanzas, más prestigio en el trabajo, etc. - lo que te comprometes a crear determina si lo tendrás o no en tu vida.

No puedes atraer a tu vida algo que no te has comprometido a crear. Si realmente quieres algo, necesitas estar 100% comprometido a crearlo en tu vida, 100% comprometido a tomar acción, y 100% dedicado a llevarlo a cabo. Es por esto que en la ley anterior, mencioné no ignorar cómo te sientes.

Si estás enfadado con tu jefe y quieres dejar tu trabajo, este es el camino que tienes que tomar para tener éxito en tu carrera. Pero esta ley mantiene que necesitas estar comprometido para que eso ocurra.

Cuando no estás comprometido y no puedes manifestar lo que quieres, te frustrarás y creerás que la Ley de Atracción es una tontería. Sin embargo, lo que realmente está sucediendo es que no lo querías lo suficiente y no estabas comprometido a manifestarlo, por lo que la Ley de Atracción manifestó tu falta de compromiso.

Esto plantea la pregunta: ¿qué determina el compromiso?

Cuanto más apegado emocionalmente estés a algo, más comprometido estarás con ello. Cuando le atribuyes una emoción a algo, estás diciendo que es lo suficientemente importante como para justificar una respuesta emocional de tu parte, requiriendo un nivel más fuerte de compromiso de tu parte.

Por ejemplo, puede que quieras convertirte en fotógrafo y decidas que necesitas una cámara DSLR para empezar. Sin embargo, estas nuevas cámaras cuestan varios cientos de dólares cada una, y es una inversión un poco grande. Puede que tengas unas cuantas ideas de modelos que quieres a buen precio, pero luego decides comprar unos juegos de ordenador nuevos en su lugar, o que quieres comprar un coche nuevo.

Como estás tomando decisiones para comprar otras cosas, no estás tomando una acción consciente hacia tu objetivo, y por lo tanto, tus sueños de ser fotógrafo no se van a manifestar. Podrías tratar de encontrar una cámara de segunda mano, pero si no estás pensando en estas opciones, no estás tomando acción, y nada se manifestará.

Otro ejemplo podría ser querer una nueva casa. Visitas unas cuantas casas pero todas tienen cosas malas y siempre encuentras excusas en pequeñas cosas. Tal vez ves una casa que necesita un poco de trabajo cosmético antes de estar lista para mudarse, y te sientes desanimado y comienzas a considerar otras opciones. Cuando esto ocurre, tu apego emocional a la casa no es suficiente, por lo que no te comprometes y realizas la compra.

Por otro lado, si te comprometes, se nota con la energía que pones en el universo. Deseas tanto un coche nuevo que tus emociones lo dirigen todo: el aspecto, la velocidad, el color, el tipo de combustible, etc. Cuando atribuyes este nivel de emoción a cualquier cosa en tu vida, estás 100% comprometido con la creación de esa cosa.

Cuanto más apegado emocionalmente estés a algo, más potente será tu compromiso de tenerlo en tu vida. Es este compromiso el que te llevará a realizar la acción consciente que manifestará lo que deseas.

Esta es una parte importante de la Ley de Atracción, y ser capaz de dominarla te permitirá hacer mucho. Por supuesto, tienes que ser capaz de aumentar tu apego emocional a las cosas que quieres, que es precisamente lo que harás con algunas de las estrategias que he discutido, como la visualización y las afirmaciones, además de algunas de las otras estrategias exploradas en los últimos capítulos.

Combinando todas estas leyes juntas, deberías tener una idea clara de los elementos que forman parte del término paraguas que es la Ley de la Atracción, cómo funcionan los elementos, y cómo el cambio de lo que estás enfocando puede cambiar todo lo que quieres cambiar y darte el control completo sobre la dirección de tu vida.

CAPÍTULO 4

Explicando las vibraciones

"Tu vibración personal o estado energético es una mezcla de las frecuencias contraídas o expandidas de tus emociones y pensamientos corporales en un momento dado. Cuanto más permitas que tu alma brille a través de ti, más alta será tu vibración personal."

– Penney Peirce

Me he referido repetidamente a las "vibraciones" en las secciones anteriores, pero ahora es el momento de centrarse en la importancia de las vibraciones en el proceso de manifestación. Después de este capítulo, vamos a entrar en la parte práctica de tomar el control y hacer que la Ley de Atracción trabaje para ti, así que primero vamos a explorar lo que son las vibraciones.

¿Cómo funcionan las vibraciones con la Ley de la Atracción?

Cada pensamiento contiene una determinada vibración. Los pensamientos que contienen frecuencias más altas son más fáciles de manifestar, mientras que los que tienen frecuencias más bajas no serán tan efectivos. Tus pensamientos dictan cómo te sientes, y todo lo que sucede a tu alrededor es el resultado de lo que sientes en un momento dado. Cuanto más fuertes sean esos pensamientos o, cuanto más los consumas, más alta será la vibración, y más alta será la posibilidad de que ese pensamiento se manifieste.

El problema es que a muchas personas se les ha lavado el cerebro para que crean que la vida debe ser difícil. Sí, la vida es complicada, y pasan muchas cosas. La vida no está exenta de problemas o malos momentos, pero tu realidad depende de tu perspectiva.

Hay un cuento chino muy famoso que dice algo así.

Había un granjero y un día su caballo se escapó. La gente del pueblo dijo que era un momento triste, pero el granjero respondió que sí. Al día siguiente, el caballo volvió con siete caballos salvajes, por lo que el granjero tenía ahora ocho caballos. Los aldeanos dijeron que era increíble, pero el granjero dijo "tal vez".

Al día siguiente, el hijo del granjero estaba trabajando con los nuevos caballos, y uno de ellos se asustó de repente, arremetiendo y pateando al chico, hasta romperle la pierna. El niño tuvo que quedarse en la casa para recuperarse. Los aldeanos dijeron lo terrible que era eso, pero el granjero siguió respondiendo: "tal vez".

Los soldados llegaron a la aldea para reclutar a los niños y hombres para la guerra en curso al día siguiente. Pasaron por la casa del granjero y vieron al chico con la pierna rota, lo que significaba que no podía ser reclutado y tenía que quedarse en casa en lugar de ir a la guerra. Los aldeanos declararon lo sorprendente que era esto. El granjero dijo que sí.

La moraleja de esta historia es que a lo largo de tu vida te sucederán cosas aparentemente buenas y malas, pero nunca puedes saber si son buenas o malas. Puede que pierdas tu trabajo y sientas que es lo peor que te ha pasado, pero si terminas en un trabajo que te gusta unas semanas después, entonces fue algo bueno.

Así es como tienes que empezar a ver todos los aspectos de tu vida.

Mucha gente cree que hay mucha negatividad en el mundo y,

por eso, su mente está programada para fijarse en las cosas que apoyan este punto de vista. A mí me ha pasado. He pasado por ello, y conozco a mucha gente que lo ha hecho. Lo vemos todos los días.

Utilizando los medios de comunicación como ejemplo, se nos habla de toda la pesadilla del mundo y, por tanto, estamos condicionados a buscarla, ya que es en lo que todo el mundo parece estar centrado. Además, debido a la forma en que los humanos han evolucionado, buscar lo negativo es una táctica de supervivencia.

Estamos instintivamente atentos al peligro y a las cosas que pueden perjudicarnos para poder protegernos de ellas. Como vivimos en un mundo hiperconectado, escuchamos todo lo malo que ocurre en el mundo todo el tiempo.

A nivel más personal, las creencias condicionadas que has desarrollado mientras crecías, a través de tus padres, amigos y tus propias experiencias personales, influyen en tu perspectiva y en cómo percibes los aspectos negativos del mundo.

Si estás pendiente de lo negativo en el mundo, esto se convierte en tu frecuencia vibratoria y manifestarás la negatividad. Lo semejante atrae a lo semejante. La energía que pones en el universo es la energía que recibirás de vuelta.

He experimentado esto personalmente muchas veces a lo largo de mi vida. Recuerdo haber sido muy tóxica con otra chica en el trabajo. Estaba teniendo un mal día y fui anormalmente mala con ella cuando tiró algo de mi mesa. No fue un gran problema, y no hay excusa para ello; simplemente es lo que hice, y estaba siendo desconsiderada en ese momento.

Al día siguiente, quedé con un nuevo cliente y fueron muy groseros y horribles, pero era un contrato necesario, así que tuve que sentarme y lidiar con ello. Un día después, me disculpé con la chica y puse las cosas en su sitio, y me cambiaron a un nuevo contrato con un cliente mucho más agradable. Todo esto ocurrió antes de que conociera la Ley de la Atracción, pero es un ejemplo brillante de cómo lo semejante atrae a lo semejante.

Imagina que pierdes el autobús o el tren para ir al trabajo y acabas llegando tarde. Es posible que acabes caminando hacia el trabajo amargado por la experiencia, jugando con las conversaciones que vas a tener con tu jefe y compañeros de trabajo, practicando excusas, pensando en cómo mover tus fechas de entrega o hacer frente a tu creciente carga de trabajo, y otras situaciones hipotéticas similares.

Cuanta más energía negativa emitas sin pensar al centrarte en las cosas negativas de la vida, más negatividad tendrás en tu vida.

Sin embargo, no todo es energía negativa, ya que la misma lógica se aplica también a las vibraciones positivas. Si sales por la noche con tus amigos, las vibraciones pueden ser tan positivas cuando todos salen por la misma razón, todos rebotan entre ustedes y acaban teniendo noches que nunca olvidarán y que son muy divertidas y despreocupadas. Esos momentos de tu vida en los que estás rodeado de gente increíble y en los que todos "vibran" juntos, ocurren porque todos están en la misma vibración.

Este es seguramente el caso cuando vas a una boda y todo se divierte celebrando el amor, o cuando vas a un concierto, a un concierto o a un festival, y todo el ambiente es tan increíblemente eléctrico, que puedes sentirlo pulsando dentro de ti. Eso se debe al hecho de que hay una densidad tan alta de vibraciones positivas a tu alrededor que no puedes evitar alinearte con ella. Eso es lo que ocurre cuando se juntan tantas personas en la misma frecuencia, especialmente cuando hay música de por medio, que literalmente envía frecuencias al universo.

Cuando se trata de vibraciones positivas y negativas, lo mejor que puedes hacer es sintonizar con tus pensamientos y definir qué tipo de vibraciones están enviando.

Personalmente, me resultaba muy difícil no sólo saber si lo que pensaba era positivo o negativo, sino que realmente no tenía ninguna pista de en qué estaba pensando. Cada día era un gran borrón continuo en el que parecía que mis pensamientos iban y venían tan rápido que nunca estaba en un estado mental constante.

No fue hasta que me tomé el tiempo de llevar un diario y tomar nota de mis pensamientos - procesándolos y escribiéndolos - que fui capaz de ver exactamente lo que estaba pensando a lo largo del día y si estaba o no poniendo vibraciones positivas o negativas en el mundo.

Por eso es tan importante que registres tus pensamientos todos los días para que puedas tener una imagen clara de lo que pasa por tu mente. Si puedes identificar los pensamientos que se repiten una y otra vez en tu cabeza, entonces puedes ver qué tipo de energía estás poniendo en el mundo.

Así que, cuando se registren pensamientos negativos, busca la manera de elevar su vibración. De lo contrario, no harás cambios positivos en tu vida. Del mismo modo, asegúrate de registrar también los pensamientos positivos, centrados en las cosas que quieres y en las que te importan, para que puedas ver realmente en qué punto se encuentra tu mente.

Vamos a profundizar en esto.

Vibraciones positivas

La Ley de la Atracción establece que las vibraciones positivas atraen la positividad. Es importante recordar esto si quieres que la Ley de la Atracción funcione para ti.

Entonces, ¿cómo puedes asegurarte de que tus vibraciones positivas son lo suficientemente fuertes?

Una forma es rodearte de cosas y personas que probablemente te influyan positivamente. Habrá muchas cosas a las que estés vinculado emocionalmente. Puede que tengas una canción favorita o un lugar que te remonte a una primera cita en la que fuiste feliz. Puede que tengas una película favorita. Puede que tengas un objeto que te recuerde un lugar o un regalo que te hizo un ser querido.

Sea lo que sea, estas cosas son las mejores opciones para aumentar tu positividad. También puedes utilizar el proceso de gratitud para aumentar tus vibraciones positivas, que es, afortunadamente, uno de los métodos más sencillos que existen. También puedes intentar meditar para deshacerte de los pensamientos y sentimientos negativos, que afectarán fuertemente a tus vibraciones.

Son estas vibraciones positivas las que te ayudarán a traer el éxito a tu vida, y no sólo el éxito financiero o profesional. Lo que quiero decir es que estas vibraciones te ayudarán a atraer a las personas que harán tu vida mejor y te proporcionarán las cosas necesarias para que seas realmente feliz.

Si puedes seguir canalizando vibraciones positivas en todas las áreas de tu vida o elevar tus vibraciones negativas, podrás cambiar tu vida de maneras increíbles. Físicamente, te sentirás mejor y, por tanto, te cuidarás mejor, comerás más sano y harás más ejercicio, y mentalmente experimentarás las alegrías del éxito y la felicidad. Te sentirás más tranquilo, dormirás mejor y experimentarás menos estrés en todos los ámbitos de tu vida.

Cuando empiezas a centrarte en lo que es bueno en tu vida, en lugar de buscar constantemente lo que está mal, la vida empieza a funcionar realmente a tu favor.

¿Qué son las vibraciones negativas?

Por supuesto, también experimentamos vibraciones negativas, ya que el universo requiere equilibrio. Tienen que existir. Sin embargo, las vibraciones negativas no son necesariamente algo malo. Utilizando mi ejemplo anterior, puede que pierdas tu trabajo y te sientas triste por ello. Tal vez incluso tengas miedo, ya que no estás seguro de lo que te depara el futuro.

Estos sentimientos son comprensibles, pero encarnan vibraciones negativas. Si te centras constantemente en estas vibraciones y te dices continuamente que tienes miedo de lo que te depara el futuro, te mantendrás en un estado de ansiedad. Sin embargo, estas vibraciones no son necesariamente malas, ya que pueden motivarte, inspirarte y empujarte a hacer un cambio positivo en tu vida, convirtiendo las vibraciones negativas en positivas. Ese es el equilibrio. Las vibraciones negativas se vuelven problemáticas cuando consumen tu vida o al menos algunos aspectos de ella, como es el caso de tantas personas.

Las vibraciones negativas son tan fáciles de encontrar hoy en día debido a nuestro acceso a vastas fuentes de información. Internet ha hecho posible que la gente ponga sus pensamientos negativos en el universo, incluso si no conocen a nadie que los comparta o que se ponga en contacto con ellos.

Si entras en Twitter para quejarte de algo, la acción de escribir o leer un tuit o un comentario negativo impulsa la energía negativa al universo, afirmando lo que sea que estés escribiendo, convirtiendo la afirmación en tu realidad. Cuanto más afirmas estos pensamientos, más concretamente se convierten en tu realidad, y te encontrarás cada vez más metido en la rutina de vivir con vibraciones negativas. Cuanta más energía alimentes a estas vibraciones, más prevalecerán.

Los medios de comunicación, específicamente las noticias, son una fuente importante de negatividad porque se centran principalmente en las malas noticias. Las fuentes de los medios de comunicación - especialmente las que se centran en el drama, los chismes, las historias especulativas y las historias negativas - envían una tonelada de energía negativa al mundo.

Esta energía se conecta con las personas que albergan esa misma energía, perpetuándola. Esto se debe a que otras personas sienten esta energía, lo que las lleva a ser negativas.

Probablemente has sentido la negatividad que emiten los medios de comunicación, especialmente si lees las noticias o ves la televisión a menudo. Pero los medios de comunicación e Internet no son las únicas fuentes de energía negativa. Las personas que viven con vibraciones negativas te las transmitirán si mantienes el contacto con ellas.

Si tienes una relación tóxica con una pareja que te maltrata, su energía puede hacer que la energía negativa que hay en ti se agudice. Si estás en un lugar de trabajo tóxico en el que las personas son horribles entre sí y el agotamiento es frecuente, este entorno afectará a tus propios campos de energía. Lugares en tu vida, como una iglesia donde está enterrado un ser querido, o un objeto, como un regalo de un amigo tóxico, también pueden albergar energía negativa que puede afectarte si se lo permites.

Todo el mundo está enviando energía, ya sea positiva o negativa, a través de sus pensamientos, palabras y acciones. Esta es la Ley de Atracción en funcionamiento, porque aquello en lo que te enfocas es lo que vas a manifestar. No puedes enviar vibraciones positivas si no es en lo que estás pensando. Lo mismo ocurre con la energía negativa.

Si no eres consciente de tu energía negativa y eres relativamente inconsciente con ella, entonces no podrás hacer nada al respecto. Para dominar el equilibrio de las vibraciones, tienes que centrarte en afirmar las vibraciones positivas de tu vida (al menos las que quieres trabajar), reconocer las negativas y utilizarlas como base para el cambio.

No es fácil. Es posible que tengas pensamientos negativos que han estado supurando durante años, inconscientemente. Recientemente me he dado cuenta de que he estado albergando mucha negatividad sobre mi peso. Me digo continuamente que no estoy contenta con mi peso y que estoy engordando, lo que no hace más que continuar con ese tren de pensamiento. El lenguaje que estoy utilizando para describir mi peso lo afirma, por lo que la ley de la atracción asegura que soy lo que creo.

Los pensamientos negativos son a menudo tan fuertes porque la gente ha sido condicionada a pensar que así es como deben sentirse sobre ciertas cosas. Por ejemplo, mucha gente cree que debería odiar su trabajo en lugar de que simplemente no le gusten algunos aspectos del mismo. Si trabajas en un lugar donde todo el mundo tiene una mentalidad tóxica, las bajas vibraciones prosperarán y todo el mundo se sentirá miserable, atrayendo más negatividad a otras áreas de sus vidas.

La conclusión es que debes mantener tu mente abierta para identificar dónde está la energía negativa en tu vida y, en lugar de dejar que se convierta en tu principal foco de atención - dándole más tiempo o energía, o rodeándote de ella-, toma nota de ello y reformula tu mente para desarrollar un resultado positivo y afirmativo.

Por ejemplo, en lugar de levantarte e ir al trabajo todos los días y decirte a ti mismo que lo odias, divídelo y destaca las áreas reales que te molestan.

¿Odias a tu jefe? ¿A tus compañeros de trabajo? ¿No tienes suficientes responsabilidades? ¿Tu trabajo tiene sentido o es satisfactorio? ¿Estás en una carrera que quieres? ¿Te pagan lo suficiente por lo que haces? Encuentra el área de tu vida que mantiene la energía negativa, y simultáneamente, busca las áreas de tu trabajo que traen vibraciones positivas a tu vida.

Este proceso de identificar tus pensamientos y descomponerlos, y luego redefinir tu enfoque hacia lo que quieres que sea, es la base para dominar la Ley de Atracción.

Así que, mira dentro de ti, y ve cuáles son tus pensamientos. Escríbelos y haz una lluvia de ideas. Algunas fuentes de vibraciones negativas pueden ser directas. Tal vez pienses negativamente sobre tu imagen corporal, tus finanzas o tus relaciones. Tal vez pasas mucho tiempo en Internet consumiendo fuentes de información que promueven vibraciones negativas.

En algunos casos, puedes generar vibraciones negativas internamente y a través de tus acciones, como participar en chismes o preocuparte por algo que aún no ha sucedido. Puede que tengas algunos traumas que necesites sanar, o que te sientas enfadado, amargado o celoso hacia otras cosas en la vida, todas ellas son formas poderosas de bajar tus vibraciones.

Tomarse el tiempo para pasar por este proceso es importante porque muchas personas no son conscientes de cómo les afectan sus pensamientos y sentimientos negativos y de lo devastador que puede ser su impacto. Los pensamientos negativos contribuyen a manifestaciones tangibles e intangibles, como la mala salud, los fracasos empresariales, las relaciones tóxicas y los problemas de salud mental.

Las vibraciones negativas afectan tanto a tu salud física como mental. Esto está respaldado por la ciencia. La mente y el cuerpo están inextricablemente unidos, por lo que no es de extrañar que un mal estado de ánimo pueda causar problemas físicos, como dolores, dificultades para dormir, dolores de cabeza, etc. Por eso solemos enfermar cuando estamos estresados o cuando estamos tristes. El cuerpo refleja la mente.

Si alguna vez llegas a un punto de tu vida en el que sientes que no tienes nada bueno en tu vida y que todo es un caos, es porque has incorporado continuamente energía negativa en todos los aspectos de tu vida. Esto ha bajado continuamente tus vibraciones a lo largo del tiempo, y como lo semejante atrae lo semejante, sólo atraes más energía negativa. Así, te mantienes en la rutina y en una espiral descendente aparentemente interminable.

Científicamente, hay una clara diferencia entre la energía positiva y la negativa.

Por ejemplo, hay una diferencia entre potenciarse y agotarse. Alimentarse con energía positiva es como cargar la batería, mientras que agotarse con energía negativa es como agotar la batería. Si se agota toda la energía, uno queda exhausto, incapaz de hacer nada. Es mucho más fácil conseguir lo que quieres cuando tienes una fuente de energía fuerte, así que asegúrate de mantener tu batería llena.

Además, cuando estás en este estado mental negativo, agotado y exhausto, es mucho más difícil que te des cuenta de las cosas buenas que ocurren en tu vida. Ser feliz y positivo será una tarea desalentadora, y perderás oportunidades y opciones porque no estarás en posición de notarlas.

Entender cómo funcionan las vibraciones es esencial si quieres sacar el máximo provecho de la Ley de Atracción.

CAPÍTULO 5

Atracción deliberada

"Como el aire que respiras, la abundancia en todas las cosas está disponible para ti. Tu vida será tan buena como tú lo permitas."
- **Abraham Hicks**

La atracción deliberada es un término utilizado para describir la idea de aplicar correctamente la Ley de la Atracción en su vida. Leer sobre la ley de la atracción es esencial, pero si quieres aprovechar su poder y empezar a mover tu vida en la dirección que deseas, necesitas ser deliberado con tus pensamientos y acciones.

La verdad es que la Ley de Atracción está constantemente afectando a tu vida. La energía que pones en el universo es la energía que recibes de vuelta, tanto si lo haces intencionadamente como si no. Si vas por la vida sin pensar, la energía que atraes fluctuará dramáticamente. Si eres deliberado con lo que envías al universo, te vuelves más deliberado con la energía que recibes de vuelta y con tu frecuencia vibratoria.

Imagina que no estás contento con tu trabajo y que intentas hacer algo al respecto: ganar más dinero, conseguir un ascenso, encontrar un trabajo con el que puedas ser feliz, tratar con compañeros de trabajo, jefes, etc. Sea cual sea el problema, estás intentando encontrar una salida y un nuevo estado de ánimo.

Como mencioné anteriormente, hay algunas razones por las que podrías no estar obteniendo lo que quieres de la Ley de Atracción. Esto puede ser porque no la entiendes completamente, o podrías estar bloqueando subconscientemente tu buena fortuna con tus pensamientos.

Digamos que estás trabajando en un proyecto y encuentras a tus compañeros de trabajo realmente irritantes porque no están haciendo su trabajo. Esto puede hacer que te sientas amargado y presionado para hacer más porque quieres que el proyecto salga bien. Sin embargo, esta amargura hacia tus compañeros de trabajo está causando que envíes vibraciones amargas y resentidas al universo, por lo que rápidamente te encontrarás con un resultado final amargo y resentido.

Otro ejemplo podría ser que estés luchando con el dinero. Estás tratando de encontrar suficiente dinero para pagar tus cuentas y tener algunos ahorros y vivir tu vida, pero la forma en que avanzas dependerá de las vibraciones que estás enviando. Por ejemplo, si dices algo como 'No tengo dinero y estoy tan jodido todo el tiempo', entonces esta es la energía que estás enviando al universo, y terminarás en un bucle en el que esto sigue sucediendo.

Esto es exactamente lo que me pasó a mí. Cuando mi negocio estaba fracasando, seguía diciéndome a mí misma lo mucho que necesitaba conseguir dinero y lo mala que era mi situación financiera, y debido a mis frases, seguía en esa posición.

Una vez que tomé medidas para centrarme en mi fraseo y tomar el control de mis vibraciones, como trabajar en mi proceso de pensamiento y cambiar mis preocupaciones por afirmaciones como "tengo el control de mi situación financiera y estoy aprendiendo y mejorando", empezó a producirse un verdadero cambio.

El subconsciente es muy poderoso. Es como un imán; es capaz de atraer las cosas correctas aunque no te des cuenta. Esto se puede ver cuando la gente dice que ha estado atrayendo el mismo tipo de pareja una y otra vez, pero que no son felices con ellos. Es porque subconscientemente han atraído a este tipo de personas a través de sus vibraciones negativas, y hasta que no se den cuenta de que hay un problema, seguirán apareciendo en sus vidas.

Cuando tus sentimientos son correctos, y te enfocas en lo que quieres en la vida con intenciones positivas, la Ley de Atracción comienza a trabajar para ti, no en tu contra. Es importante recordar lo poderosa y gratificante que puede ser la Ley de Atracción cuando aprendemos a dominarla y a responsabilizarnos de nuestros pensamientos, sentimientos y emociones. Una vez que empieces a ser deliberado con tus pensamientos y a atraer deliberadamente lo que quieres, te convertirás en tu propia prueba, y podrás seguir atrayendo en base al impulso que construyas.

Puedo entrar en detalles extremos sobre mi propia vida y cómo la ley de la atracción ha funcionado para mí, como muchas personas - oradores públicos, filósofos, autores, etc. - han hecho, pero esto sólo te llevará hasta cierto punto.

Fui capaz de construir mi autoestima desde la base utilizando el poder de las afirmaciones, que abarca el uso de palabras para crear vibraciones positivas. Cuando mi negocio fracasó y me quedé atascada en la rutina, estaba en el punto más bajo, y dormir en los sofás de mis amigos mientras no tenía dinero era difícil. Era vergonzoso y no podía deshacerme de la sensación de que era un fracaso. Me sentía incapaz y nada me salía bien.

Por supuesto, mi confianza en mí misma y mi autoestima tocaron fondo, y me quedé atrapada en ese ciclo continuo porque estaba manifestando mucha negatividad con mis pensamientos y sentimientos de falta de autoestima. Sin embargo, cuando empecé mi viaje para dominar el poder de la Ley de Atracción, descubrí que había muchas maneras de cambiar mi forma de pensar.

Por ejemplo, incluso un acto tan simple como mirarme al espejo y decirme a mí misma que iba a tener un día increíble, literalmente manifestaba días increíbles. En lugar de estar envuelta en mis pensamientos, me tomaba el tiempo para poner vibraciones positivas en el universo, y así volvían a mí.

Mel Robbins, entrenador de vida y conferenciante motivacional de hoy en día, ha publicado recientemente una nueva técnica respaldada por la ciencia en la que te levantas y te diriges al espejo, estableces una intención sobre el tipo de día que quieres y luego te chocas los cinco en el espejo. Sí, puede parecer un poco tonto si es la primera vez que lo haces.

Yo lo he probado y funciona. Funciona todos los días. Pero a esto me refiero con que es muy fácil decir lo que me ha pasado. Puedo contarte mi viaje, y es evidente, ya que tienes mi libro en tus manos, pero no te das cuenta de lo poderoso que es esto hasta que lo experimentas por ti mismo.

Una vez que empieces a experimentarlo por ti mismo, entonces podrás empezar a sentir los beneficios, y como tus vibraciones ya son altas, seguirás adelante porque te habrás convertido en tu propia prueba de que funciona.

Ahora, eso nos lleva a lo que podría ser la sección más importante de este libro. Ahora que hemos cubierto prácticamente todas las teorías que necesitas conocer, es el momento de sumergirse en los aspectos prácticos de la Ley de la Atracción. Por supuesto, hemos cubierto algunos aspectos básicos, pero ahora es el momento de dominar lo que sabes para obtener resultados reales.

Es hora de empezar a aplicar deliberadamente las reglas de la Ley de la Atracción para ver realmente de lo que es capaz.

Aprovechar el poder de la atracción deliberada

Hay varias formas diferentes de aprovechar el poder de la atracción deliberada. Ya has aprendido sobre algunas de ellas en este libro, como cambiar tus pensamientos y sentimientos, usar afirmaciones, visualización y tomarte el tiempo para identificar tus pensamientos en todas las áreas de tu vida, pero ¿cómo lo haces realmente?

Todas estas estrategias funcionan porque te ayudan a controlar tus pensamientos, sentimientos y emociones, y te ayudan a lograr un enfoque deliberado en lo que quieres. Como mencioné anteriormente, hay una cantidad ilimitada de poder detrás de la Ley de Atracción. Todo lo que necesitas hacer es aprovecharlo para empezar a conseguir lo que quieres de la vida.

Es importante darse cuenta de lo poderosa que puede ser la atracción deliberada cuando se utiliza correctamente. Como la mayoría de las cosas en la vida, es fácil aprender las reglas pero mucho más difícil dominarlas. Una vez que aprendes a controlar lo que piensas, sientes y haces diariamente, el cielo es el límite.

Aquí tienes tres pasos sobre cómo atraer deliberadamente lo que quieres en tu vida.

Paso 1 - Identifica y destaca tu deseo

El primer paso es identificar lo que quieres en tu vida. Debe ser algo que realmente desees. Piensa en lo que se ajusta a tus criterios o en lo que se te ocurra. Te sugiero que escribas una lista de todas las cosas que quieres y que luego las reduzcas a los tres o cuatro principales intereses que tienes.

Recuerda que la clave está en encontrar lo que realmente quieres en la vida, no algo que es sólo un pensamiento fugaz o algo que suena bien cuando lo lees por primera vez. Sea cual sea el enfoque que adoptes, lo más importante es que sepas lo que quieres y le des toda la claridad que puedas.

Paso 2 – Presta atención a ese deseo

El segundo paso es prestar atención a ese deseo. Esto puede ser un poco difícil para algunas personas, especialmente si tienden a preocuparse demasiado por los "y si" de la vida. Lo que vas a hacer aquí es imaginarte a ti mismo viviendo con lo que quieres en tu vida. En otras palabras, no te vas a quedar sentado reflexionando sobre ello.

Imaginar la vida con esa cosa es una técnica potente porque una vez que tu mente empieza a juntar las imágenes, es más fácil que tu cerebro acepte esto como una posibilidad, sea o no realmente posible ahora mismo.

Hay dos subpasos que debes seguir aquí, el primero es que debes sentirte bien con ello. Si no lo haces, tampoco pasa nada porque hay otras técnicas que te ayudarán a elevar tu vibración. Estas te ayudarán a que tu visualización sea lo más poderosa posible, independientemente de las emociones negativas que puedas tener. Por ejemplo, si te imaginas teniendo un millón de dólares y piensas que eso suena muy bien, pero luego tu mente empieza a preocuparse por lo que pasará cuando se acabe el dinero, no hay nada malo en ello. Lo que tienes que hacer es sustituir esas emociones negativas por otras positivas.

Podrías decir;

Un millón de dólares me daría mucha libertad. Podría ir a donde quisiera cuando quisiera y tener un trabajo que realmente me inspirara.;

El segundo paso en este proceso es sentirlo como si estuviera ocurriendo ahora mismo. Si estás sentado en una silla, concéntrate en la sensación de estar en esa silla. Siente el peso de tu cuerpo en ella, y concéntrate en la sensación que sube por tus piernas.

Si no estás en una silla en este momento, imagínate sentado allí. Concéntrate en este sentimiento y en estas sensaciones hasta que sean tan reales para ti que sientas que podrías alcanzarlas y tocarlas si quisieras.

Puedes hacer esto durante unos minutos o durante una sesión de visualización de 45 minutos, dependiendo de lo que mejor funcione para ti.

En caso de que esto te parezca difícil de entender, aquí tienes otro ejemplo:

Respira profundamente ahora mismo y siente cómo el aire llena tus pulmones. En caso de que no estés seguro de cómo hacerlo, empieza por inspirar profundamente y mantener la respiración durante unos segundos. A continuación, suéltala y siente cómo tus pulmones se desinflan y vuelven a su estado normal. Una vez hecho esto, vuelve a hacerlo, respirando aún más profundamente. Llenar los pulmones de aire fresco sienta muy bien, ¿verdad?

Hazlo una y otra vez, llenando cada vez tus pulmones con más aire fresco que antes.

Puedes sentir que tu pecho se expande más y más con cada respiración. Mientras continúas con este proceso de respiración, reduce tu visión de lo que quieres conseguir. Imagina que estás llenando tu cuerpo con tus deseos y las emociones que experimentarás cuando cumplas el objetivo en el que te estás centrando. Llena tu cuerpo con estos sentimientos de la misma manera que lo estás llenando con tu respiración.

Siente esas emociones con la misma intensidad.

Imagínate viviendo la vida de tus sueños y siente cómo tu cuerpo se llena de una emoción abrumadora. Si te centras en algo concreto, intenta que esa imagen sea lo más clara posible.

Por ejemplo, si imaginas una vida en la que tienes seguridad económica. Imagina que compruebas tu extracto bancario y ves 50.000 dólares en tu cuenta. Siente realmente lo seguro que te hará sentir eso. Lo seguro que estás. Lo mucho que has trabajado y lo gratificante que será tener esa cantidad de dinero. Cuanto más énfasis puedas poner en estas emociones, más poderosa será la manifestación.

Recuerda seguir respirando profundamente mientras haces esto. Continúa hasta que la emoción explote dentro de ti, ¡haciendo imposible que la contengas por más tiempo!

Por último, es importante ser consciente de cualquier pensamiento negativo que surja durante este proceso. Si estás imaginando el dinero en tu cuenta bancaria, pero aparece un pensamiento que dice: "Bueno, eso nunca va a suceder, imagínate lo duro que sería", anótalo.

No te dejes llevar por el pensamiento, sino que reconoce su existencia y luego intenta hacer ingeniería inversa. Piensa en por qué has tenido ese pensamiento y en qué parte de tu vida se ha originado. Es posible que tengas que trabajar para sanar esa parte de tu vida y evitar que te frene.

Paso 3 - Permite que ocurra

El último paso de este proceso es permitir que se manifieste lo que quieras. Suena sencillo, y el concepto es sencillo, pero puede llevar algún tiempo ponerlo en práctica. Requiere un poco de fe, pero es alcanzable con el tipo de mentalidad que hemos estado alimentando a lo largo de este libro.

Permítete creer que lo que estás manifestando ya es tuyo. Cada vez que pienses en ello, cree que se va a hacer realidad. Tienes que creer de verdad que tu deseo es posible. La Ley de Atracción lo recogerá y se hará cargo cuando hagas esto.

El truco es mantener esos sentimientos de emoción y felicidad que sentiste cuando identificaste por primera vez lo que querías. Acostúmbrate a pensar de esta manera, y cada vez que experimente pensamientos negativos, identifíquelos y descúbralos.

Tu mente es muy buena para detectar si estás realmente entusiasmado con algo o no, incluso más de lo que puede determinar si algo es realmente posible o no.

Déjate llevar y deja que la naturaleza siga su curso, pero nunca quites los ojos del premio. Esto puede sonar un poco contradictorio con lo que he dicho antes sobre centrarse en el viaje, pero es como conducir un coche.

Te subes al coche y te diriges a tu destino. Puedes tomar un par de giros y vueltas, tal vez un desvío aquí o allá, puedes escuchar algunas canciones nuevas en la radio, e incluso puedes detenerte por un tiempo en algún lugar del camino, pero tener un destino te dará la dirección y la motivación para seguir avanzando, y finalmente, llegarás allí.

La Ley de Atracción estará muy agradecida por tu ayuda en

este viaje, y descubrirás que acelerará el ritmo cuando no estés tirando en contra de ella, dándote aún más razones para sentirte entusiasmado con lo que está sucediendo en este momento, así que deja de ser tan duro contigo mismo.

El poder de la visualización

El proceso por el que acabas de pasar es una forma sencilla de aprovechar el poder de la visualización. Has visualizado lo que quieres manifestar, concentrándote en algo más que en imaginarlo como un pensamiento pasajero. Has gastado mucha energía visualizando lo que quieres, y este proceso de afirmación te ayudará a manifestar lo que quieres.

Si quieres sacar el máximo provecho de la Ley de Atracción y realmente quieres manifestar la vida que quieres, aprender y dominar las técnicas de visualización será uno de los pasos más poderosos que puedes dar.

En pocas palabras, la visualización es la práctica de repetir imágenes en tu mente para ayudarte a lograr algo específico. Se trata de ver lo que quieres para tener una imagen más clara de lo que te propones. Puedes hacer esto en el ojo de tu mente creando tableros de visión, a través del arte u otras técnicas visuales, en lugar de sólo pensar en tu deseo.

Todos hacemos esto en un grado u otro. Tienes, o has tenido, sueños y metas que te han impulsado. Por ejemplo, cuando pensamos en conseguir el trabajo que queremos después de la escuela, nos imaginamos teniendo el papel y lo que la gente dirá cuando vea lo bien que nos vemos con nuestro uniforme (o traje, etc.).

Cuando hablas en público, ya sea para presentar una idea a tu jefe o a un nuevo cliente, para dar un discurso en una boda o para graduarte en la universidad, puedes visualizar cómo sería subir al escenario, darlo todo y ver a todo el mundo aplaudiendo y gritando tu nombre. Eso es la visualización.

Es muy similar a la práctica de la meditación en muchos aspectos, pero suele utilizarse para crear el futuro que quieres. Visualizar algo tan intensamente que se hace muy real en tu mente, manifestando lo que quieres.

Vale la pena señalar que esto no significa que el simple hecho de pensar en cosas grandes, felices y hermosas las traerá a tu vida. El arte de la visualización significa experimentar realmente las emociones que conlleva tener lo que quieres. Se trata de crear la experiencia completa -física, conceptual y emocionalmente- en tu mente para que tú mismo te lo creas y veas las oportunidades que necesitas para conseguirlo.

Tus pensamientos y sentimientos configuran el funcionamiento de tu cerebro y las conexiones neuronales que se establecen entre tus células nerviosas. Si piensas constantemente en lo mucho que deseas algo, creas nuevas vías neuronales en tu cerebro que te ayudarán a conseguirlo.

Por eso las personas que visualizan y sienten que ya tienen lo que quieren tienen una visión más clara de su futuro, y cuando el camino cambia (porque siempre habrá obstáculos), pueden adaptarse fácilmente.

Por eso debes acostumbrarte a visualizar lo que quieres en lugar de simplemente pensarlo; al esforzarte realmente en ver algo en tu mente, estás creando ese futuro para ti. A nivel neurológico, el proceso de visualización está cambiando tu cerebro para ayudarte a crear lo que quieres.

Esto está respaldado por la ciencia. Un estudio realizado en la Cleveland Clinic Foundation en 2004 (Ranganathan et al., 2004) comparó grupos de levantadores de pesas y sus capacidades para mejorar su fuerza física de abducción de los dedos. Había dos grupos de control: los que se ejercitaban físicamente, como en un gimnasio o estudio de entrenamiento, y los que se ejercitaban mentalmente.

El segundo grupo de control visualizaba cada aspecto de su sesión de entrenamiento en su cabeza, incluyendo lo que hacían, cómo se sentían, cómo se sentía su cuerpo, cuáles eran los sonidos, etc. Dieron a sus visualizaciones todos los detalles posibles.

Los resultados (después de cuatro semanas) mostraron que el grupo de entrenamiento físico fue capaz de mejorar su fuerza en un 53%, mientras que el grupo de visualización mejoró su fuerza hasta en un 35%. Eso es enorme, teniendo en cuenta que no estaban realizando ningún entrenamiento físico.

Aplicando esto a tu propia vida, trata de entender lo que es pasar a la acción y seguir con tus decisiones (elegir hacer ejercicio), y tómate el tiempo para visualizar lo que quieres y cuáles son tus objetivos y sueños con el mayor detalle posible. Vas a avanzar drásticamente para hacer de tus sueños y metas una realidad.

Sé que no paro de repetirlo, pero es importante darse cuenta de que la visualización no significa sólo pensar en algo que está sucediendo, sino experimentarlo realmente en tu mente. Emociones, sentimientos, sonidos y todo eso.

Cuanto más puedas visualizar, más claramente verás las oportunidades que te ayudarán a conseguirlo. Cuanto más reales sean estas imágenes, más fácil será reconocerlas cuando se hagan realidad.

En última instancia, esto se convierte en un ciclo que puedes utilizar para manifestar cualquier cosa. Cuanto más fuerte sea tu creencia, más vívidas se volverán tus imágenes y más probable será que realmente ocurran.

Sin embargo, la visualización no sólo es útil para crear oportunidades, sino también para hacer frente a los problemas cuando surgen. Por ejemplo, si visualizas cómo resolver un problema o cómo afrontar un obstáculo antes de que surja, tu mente estará preparada cuando llegue el momento. Si te enfrentas a una situación difícil, puedes dedicar tiempo a visualizar qué soluciones podrías tomar.

Si no se te ocurre nada, visualiza cómo crees que será tu vida una vez superado el problema. Cuando empieces a sentirlo de verdad, podrás hacer ingeniería inversa para llegar a ese punto. Por supuesto, la ley de la atracción continuará trabajando a tu favor y te abrirá puertas a lo largo del camino para ayudarte a llegar allí. Ese es el poder del universo en juego.

En resumen, si te tomas el tiempo para practicar la visualización de soluciones potenciales a los diferentes problemas que estás experimentando, mejor será tu capacidad para resolverlos cuando aparezcan. Si te enfrentas a cualquier tipo de obstáculo en la vida, la visualización puede darte la energía necesaria para enfrentarte a él.

Jim Carrey es un excelente ejemplo del éxito de la visualización profunda.

Cuando Jim Carrey se trasladó por primera vez a Hollywood en 1985 con el sueño de seguir una carrera como actor, se hizo un cheque de 10 millones de dólares y lo fechó diez años en el futuro. Ni diez años después, casi al día siguiente, en noviembre de 1995, fue contratado para uno de los papeles principales de la exitosa película de comedia Dumb and Dumber, con un contrato por valor de, lo has adivinado, 10 millones de dólares.

Para Jim, escribirse un cheque a sí mismo era una forma muy poderosa de visualizar un objetivo, un recordatorio constante de lo que estaba haciendo y de cuáles eran sus objetivos en ese momento. Escribía un cheque, creando una energía que se enviaba al universo. Esta energía regresó en forma de un contrato de 10 millones de dólares, exactamente cuando debía hacerlo.

Es fácil olvidar que tus pensamientos son tan importantes como tus acciones, y creo que son incluso más poderosos porque nada puede ocurrir sin ellos. La Ley de la Atracción siempre funciona, lo creas o no, así que ¿por qué no aceptarla?

Cómo evitar la atracción no deliberada

Ya he hablado de esto, pero la Ley de Atracción siempre está trabajando a través de la energía que pones en el universo, independientemente de si la estás poniendo intencionalmente o no. Mientras que las técnicas anteriores se refieren a la manifestación deliberada, esta segunda parte se trata de minimizar las posibilidades de atracción no deliberada de algo que no quieres.

La Ley de la Atracción te permite tener tus deseos, pero no significa que se harán realidad automáticamente. Tienes que tener cuidado con el tipo de energía que estás poniendo porque si tu enfoque está en algo en tu vida que no quieres, es imposible que la Ley de Atracción se deshaga de ello porque tu atención está en ello.

Aquí hay un ejemplo.

Digamos que quieres perder peso, pero hay una tarrina de helado en la nevera. Cada vez que abres la nevera, vas a ver esa tarrina de helado, y como está en tu mente y en tu entorno, vas a querer comerla. Ahora bien, esto plantea muchos problemas.

Puedes sentarte y visualizar un peso más saludable vívidamente, y esto pondrá la energía vibratoria correspondiente en el universo. Sin embargo, cada vez que abras la nevera, tendrás pensamientos que afirmen tu deseo de comer el helado. Cuanto más tiempo permanezca allí, más alta será esta vibración, y finalmente cederás, manifestando la vida en la que comes helado.

Como te comiste el helado, lo que iba en contra de tu objetivo, ahora piensas en ti mismo como alguien que se fija objetivos y no puede cumplirlos. La próxima vez que te pongas una meta, tendrás el pensamiento de que eres alguien que fracasa, y si sigues dudando de ti mismo, esta es la vida que manifestarás, por lo que serás alguien que fracasa en cualquier meta que te propongas.

Esta es una espiral peligrosa, y cuanto más tiempo pase, más "en la rutina" estarás, lo que hará aún más difícil cambiar las cosas. Por supuesto, hay una forma de salir de este bache.

Habrá victorias en el camino. Puede que apruebes un examen, que entres en una nueva relación con la que te sientas muy feliz o que consigas un ascenso en el trabajo, todas ellas cosas positivas que van a elevar tus vibraciones. A lo largo de tu vida irás fluyendo, pero si puedes ser cada vez más consciente de ello, reducirás enormemente el riesgo de ir por el camino que no quieres.

¿Así que lo mejor que puedes hacer cuando decidas perder peso? Ir a por todas y dejar de lado el helado. Comprométete y afirma que eres alguien que come sano. Así es como funciona la atención. En Hábitos atómicos, el libro más vendido sobre la formación de nuevos hábitos escrito por James Clear, menciona que una de las mejores maneras de formar nuevos hábitos es poner la cosa en la que quieres centrarte a la vista de todos, de modo que te centres constantemente en ella, llamando tu atención.

Por ejemplo, si quieres crear el hábito de tocar la guitarra o manifestar tu vida como guitarrista, pon tu guitarra a la vista, para que siempre la estés viendo. Cuanto más la veas, más te visualizarás tocándola, y empezarás a enviar tu vida en la dirección que deseas.

Se necesita una inmensa fuerza de voluntad y autodisciplina para resistirse a algo que está justo delante de ti, especialmente en favor de alguna cosa invisible e intangible. Puede que seas capaz de hacerlo una o dos veces, pero no es un enfoque sostenible, y en algún momento cederás.

A esto me refiero con atracción no deliberada. Puedes pasar tiempo visualizando un estilo de vida saludable, pensando genuinamente en cómo se sentiría tu yo futuro en un estilo de vida con el que eres feliz, sintiendo esas emociones y haciendo todo lo que puedas para manifestar tus sueños, y puede que funcione.

Durante los primeros días o la semana, podrías estar haciéndolo realmente bien y encontrar que funciona muy bien, pero tan pronto como ves ese helado y tu atención cambia, también lo hace tu energía, también lo hace tu frecuencia vibratoria, y así vuelves a donde empezaste. Acabas de atraer de forma no deliberada lo que no querías al emitir esa energía.

Entonces, ¿qué significa esto para ti?

Bueno, si quieres manifestar realmente lo que quieres y evitar atraer lo que no quieres, tienes que tomar medidas para eliminar esas cosas que no quieres. Esto significa deshacerse del helado y básicamente minimizar lo que no quieres manifestar. Si estás tratando de reducir el tiempo que pasas frente a la pantalla de tu teléfono, necesitas poner tu teléfono fuera de la vista.

Por supuesto, no estoy diciendo que debas vaciar todo en tu vida y tener sólo lo esencial. Tendrás cosas que tienen un valor sentimental y cosas que disfrutas. Puede que te guste jugar a los videojuegos y, aunque creas que actualmente los juegas demasiado, sabes que realmente los sigues disfrutando, así que no quieres deshacerte de tu consola por completo. Eso está bien.

En cambio, necesitas eliminar las cosas que no quieres, los pequeños recordatorios que te mantienen enviando la energía que no quieres, y reemplazarlos con recordatorios de las cosas que sí quieres manifestar. Los recordatorios visuales como éste son muy poderosos, incluso si es algo tan pequeño como una nota adhesiva en la puerta de tu casa que diga: "Hoy voy a tener un buen día".

Es un proceso de minimizar tu vida y luego hiperconcentrarte en lo que quieres.

Al igual que tus pensamientos, debes reducir y deshacerte de cualquier cosa que estimule la energía negativa dentro de ti y de tu vida. Presta atención a tus pensamientos a medida que avanzas en tu vida. Tenía un amigo que estaba increíblemente metido en el juego League of Legends, y se podría decir que era adicto a él. Pasó horas en él todos los días, religiosamente, durante más de tres años.

Cuando decidió que estaba arruinando su vida y su salud mental y que era hora de dejarlo, trabajó muy duro durante mucho tiempo, e incluso buscó terapia para superar su adicción. Un año después, más o menos, consiguió por fin dejarlo. Sin embargo, le seguía gustando mucho League of Legends.

Le encantaban los personajes, las ilustraciones, el estilo y, sobre todo, la música, y cuando los estudios empezaron a publicar álbumes musicales, no pudo evitar escucharlos. Sin embargo, con esa conexión visual y auditiva con el juego, no pudo evitar retomarlo.

Después de todo lo que había pasado, volvió al juego porque se había puesto en situación de atraer esa energía, lo que le devolvía al punto de partida. Tuvo que empezar el proceso de nuevo.

Estoy seguro de que tú has estado en la misma situación. Cuando has abandonado un mal hábito o lo has sustituido por otro mejor y más beneficioso, algo sucede y recaes, terminando de nuevo donde estabas. Todo esto se debe a la atracción no deliberada.

Ya sea con tus pensamientos, emociones, sentimientos o algo en tu entorno físico, si sigues teniendo estos pensamientos negativos, estás pidiendo al universo algo malo en lugar de algo bueno.

He aquí otro ejemplo. Digamos que te levantas sintiéndote mal. Acabas discutiendo con tu pareja y sales furioso de casa para ir a trabajar. Ahora, en este lapso de autocontrol, acabas de enviar una tonelada de energía negativa, y aunque no quieras esto, la Ley de Atracción no evitará que ocurra.

Es la energía que has emitido, así que es la energía que recibirás de vuelta. Esta es la razón por la que la gente tiene días malos y rara vez tendrá una sola mala experiencia o un mal momento. Sucede una cosa, la persona se molesta, se entristece o se estresa, y sigue sucediendo repetidamente.

Puedes perder el tren, tropezar, derramar té sobre tu camisa nueva, olvidar todo lo que necesitabas para una próxima reunión, etc. En situaciones más intensas, tal vez si has estado engañando a la gente, hiriendo a la gente, o causando daño de alguna manera, puedes encontrarte con que pierdes tu relación, pierdes tu trabajo, te arrestan, o experimentas otro tipo de circunstancias negativas intensas que cambian tu vida, todo a la vez. Esta es la acumulación de energía negativa que regresa a ti.

No vas a poder mantener el control todo el tiempo. A veces, sólo necesitas pasar por un mal momento para aprender algo, pero incluso durante los días más desafiantes, deberías ser capaz de tomar nota de cómo te sientes, permitiéndote elegir cómo quieres actuar y, por tanto, qué energía estás enviando al universo.

Utilizando este mismo ejemplo, si estás de mal humor y tu pareja te está dando cuerda, puede que sientas que toda esa energía negativa se acumula, pero en lugar de soltarla a tu pareja, eliges decir que estás de mal humor y que no estás en el espacio mental adecuado para afrontar la situación, pero que le prestarás atención más tarde.

Entonces puedes pasar el día desahogando la energía negativa de forma saludable, gestionando así tus decisiones y acciones y convirtiendo la energía potencialmente negativa en energía positiva consciente, a la que la Ley de Atracción responderá en consecuencia, mayoritariamente a tu favor.

Cómo traer la atracción deliberada a tu vida

Así que, con todo esto en mente, ¿cómo puedes empezar a atraer deliberadamente lo que quieres a tu vida? Pongámonos en acción con todo lo que hemos aprendido hasta ahora. ¡Aquí están los pasos que necesitas saber!

1. Deja de hacer lo que estás haciendo y sé consciente

Esto requerirá un poco de práctica, pero es el mejor punto de partida, no sólo para este paso, sino para todo tu viaje para aprovechar el poder de la Ley de Atracción. Tu mente siempre está trabajando, y siempre estás poniendo energía en el mundo, así que empieza por entender qué energía es.

Siempre que tu mente empiece a divagar, vuelve al momento actual y concéntrate en tus cinco sentidos: vista, olfato, tacto, gusto y sonido.

Si no puedes salir de donde estás (puede que estés en el trabajo o en un espacio público), céntrate en cómo se siente tu cuerpo. Si estás cómodo, si hay una brisa o puedes sentir el sol en tu piel, anótalo mentalmente.

Ahora mismo, digamos que estás sentado en una silla. Mientras lees esto, siente la sensación de que tu cuerpo se hunde en la silla. Siente ese punto de contacto entre tú y el objeto. Vuelve a centrarte en este libro o en el Kindle que tienes en la mano. Siente esa sensación de contacto. Tómate un momento para apartar la mirada de este escrito y sentirlo realmente.

Si quieres mejorar la experiencia, respira profundamente tres veces. Ten el control. Inhala profundamente por la nariz, llena tus pulmones y siente cómo se expande tu pecho, cómo se elevan tus hombros. Inhala durante cuatro segundos y mantén la respiración durante seis segundos, todo el tiempo que puedas estar cómodo.

Ahora exhala lentamente por la boca y siente cómo se desinfla tu cuerpo, cómo baja el pecho y los hombros. Exhala durante siete segundos. Repítelo tres veces y, mientras lo haces, mantén tu atención en la sensación de contacto. Ahora, observa lo tranquila que se vuelve tu mente mientras haces esto.

A medida que mejore tu capacidad de concentración, serás

capaz de sentarte en este estado de paz, aunque sólo sea durante unos segundos, antes de que los pensamientos vuelvan a aparecer. Observa estos pensamientos. Es muy útil hacer esto con un papel y un bolígrafo cerca para poder anotar los pensamientos.

Sé claro y escribe todo lo que te venga a la mente. Así es como podrás encontrar claridad con los pensamientos y la energía que estás emitiendo.

2. Saber lo que quieres de la vida y tenerlo claro

No todo el mundo sabe exactamente lo que quiere o, lo que es más importante, por qué quiere algo, así que tómate un tiempo para sentarte y pensar en lo que quieres. ¿Qué es importante para ti? ¿Qué quieres en tu vida? ¿Quieres una relación, una amistad, una buena salud o dinero? Realmente no importa lo que quieras, sino el hecho de que lo quieras.

Para cada cosa en la que pienses, escríbela en orden de importancia. Por supuesto, no pasa nada si esto significa hacer una lluvia de ideas y priorizarlas después.

Una vez que hayas elegido lo que quieres, concéntrate en los primeros tres elementos de la lista y concéntrate en lo que este objetivo significa para ti.

Aquí es donde entra en juego el poder de la visualización, y no sólo tienes que hacerlo en tu cabeza. Intenta centrarte en lo que te funciona. Podrías llevar un diario y anotar todas tus ideas y pensamientos. Podrías hacerlo escribiendo indicaciones como;

- Soy poderoso

- Tengo un estilo de vida saludable

- Soy responsable con mi dinero

- Me merezco relaciones significativas y satisfactorias

- Estoy agradecido por ser yo

- Ejercito regularmente

- Soy alguien que practica una rutina diaria de yoga.

O en lo que quieras centrarte. Puedes escribirlas en notas adhesivas y ponerlas a tu alrededor. Podrías decir estas afirmaciones o describir tu estilo de vida perfecto en el espejo cada mañana. Podrías escribir una pequeña historia en un documento de Word en la que tú seas el protagonista y escribas, con todo detalle, cómo sería un día en tu nueva vida.

Se trata de probar nuevas técnicas y ver qué te gusta y qué te funciona mejor.

A mí me encantaba actuar. Para mejorar mi salud mental, hace unos años empecé a dar paseos diarios de media hora alrededor de la manzana, poniendo mi cuerpo en movimiento y asegurándome de tomar aire fresco.

Durante estos paseos, pensaba en tener un negocio, en mis relaciones con la gente y en mi sueño de escribir libros. Me imaginaba literalmente escribiendo en un escritorio. Me imaginaba leyendo pasajes de mi libro a una multitud en una librería como parte de la promoción del lanzamiento. Me imaginaba firmando libros para un fan.

Era una forma impactante de visualizar lo que quería en la vida, emocionándome por lo que iba a pasar y lo que podía hacer. Se convirtió en lo único en lo que pensaba. Puse la pelota en movimiento, enviando esa energía al universo, y unos años después, aquí estamos, con mi libro en el mundo.

Lo manifesté y lo hice realidad, ¡y tú también puedes hacerlo!

3. Utiliza un lenguaje positivo al definir lo que quieres

Ahora que tienes una idea clara de lo que quieres, es el momento de centrarte en los detalles. Está muy bien visualizar lo que quieres y decir afirmaciones positivas, pero tienes que centrarte en el lenguaje para asegurarte de que realmente estás atrayendo la energía adecuada.

Para empezar a atraer tus deseos, tienes que pensar en lo que quieres de forma positiva. Cuanto más específicas sean tus peticiones, mejor. En lugar de decir: "Quiero ser feliz", di: "Soy muy feliz ahora que tengo esto".

Cuanto más seguro estés al escribir tus objetivos, más fácil será que se hagan realidad.

Si tu objetivo es algo pequeño, como un coche nuevo, escribe: "Estoy tan feliz y agradecido ahora que tengo este brillante coche nuevo". Si quieres atraer más dinero a tu vida, ten confianza e incluye palabras de seguridad como "¡Estoy tan feliz y agradecido ahora que el dinero entra en mi vida con facilidad y abundancia!

Recuerda que el universo te entregará lo que pides, no necesariamente lo que quieres. Así que asegúrate de que tus palabras reflejan tus verdaderos deseos y no lo que crees que va a ocurrir. Si tus deseos no van a crear más dolor que placer, es una buena idea ser lo más específico posible con tus palabras. ¿Quieres atraer el amor a tu vida? Ten cuidado con la forma en que lo expresas. Es mejor decir "Estoy tan feliz de tener la relación más increíble y amorosa de mi vida" que "Quiero un novio/a ahora". La primera no deja margen de error, mientras que la segunda puede causar una gran decepción, por ejemplo, si entras en una relación tóxica o en una que simplemente no está destinada a ser.

Define tus deseos con la mayor precisión posible y, a continuación, trabaja en utilizar cada frase para poner más y más energía positiva en los resultados que deseas. Sigue diciéndote a ti mismo que las cosas mejorarán hasta que lo hagan; habla más de lo bonitas que son las cosas una vez que las tienes que del dolor y la lucha de no tenerlas. Una vez que empieces a notar la diferencia, sigue practicando hasta que encuentres tu voz y entonces déjala brillar sin vacilaciones ni negatividad.

4. Prepárate para que tus deseos se hagan realidad

Para conseguir lo que quieres, tienes que estar dispuesto a recibirlo. Si hay algo a lo que te aferras y que impide que tu deseo se haga realidad, suéltalo ahora. Por ejemplo, si acabas de dejar de fumar y te sientes muy orgulloso de ti mismo, pero te aferras a la idea de que nunca has dejado de fumar durante mucho tiempo, entonces no estarás preparado para recibir el deseo de dejar de fumar (no estás abierto al cambio).

En este ejemplo, si dejas el paquete de cigarrillos en un cajón "por si lo necesitas más tarde", está claro que no estás preparado para dejar de fumar; por lo tanto, la Ley de Atracción se asegura de que no lo hagas. Independientemente de cuál sea tu deseo, es importante poner las probabilidades a tu favor. Esto significa eliminar las cosas que te frenan y traer más cosas a tu vida que maximicen el tipo de energía que quieres enviar.

5. Crea un ritual para atraer tus deseos a tu vida

Tal vez decidas que cada mañana, al levantarte, escribirás cinco cosas por las que estás agradecido antes de escribir tus objetivos. Tal vez cada vez que atravieses una puerta, declararás que tu resultado deseado ya se ha alcanzado y darás las gracias por ello.

En mi propia vida, cuando estaba en el proceso de manifestar un estilo de vida saludable, siempre me recompensaba por correr durante la semana. Podía ser una noche de cine con un amigo, una salida o incluso un buen tentempié (me encantan las patatas fritas y el humus). Era mi ritual, y así manifestaba mi vida. Me volví más sana, más feliz y más satisfecha con la forma en que pasaba mi tiempo.

Cuanto más te abras a la atracción deliberada, lo que quieres se abrirá camino hacia ti. Este es el poder del hábito. Tienes que incorporar tus afirmaciones como parte de tu rutina diaria, para que se conviertan en algo natural. La forma más fácil de hacerlo es definir qué es lo que vas a hacer y luego ponerlo en marcha.

Escoge la acción, el momento y el lugar en el que la vas a realizar, y luego practica. Establece recordatorios que te ayuden a maximizar tus posibilidades de hacerlo. Recuerda que si estás practicando tu afirmación, por ejemplo, frente a tu espejo cada mañana mientras te cepillas los dientes, tomar medidas como poner una nota adhesiva en tu espejo para recordarte que debes repetir la afirmación te ayudará a atraer el tipo de energía que estás buscando.

6. Suelta tu apego a cómo se va a producir

Cuando nos centramos en nuestros deseos y permitimos que se manifiesten, nos apegamos (en el buen sentido) a que el resultado coincida con lo que imaginamos. Sin embargo, a veces nos apegamos tanto a la forma en que lo vemos que nos perdemos lo que está sucediendo delante de nosotros.

Por ejemplo, puede que pienses que tu pareja te pedirá matrimonio cuando sea el momento exacto y no un minuto antes o después, pero esto a menudo te hace sentir frustrado, ya que todo lo demás parece estar en su sitio excepto lo que tú quieres. Esto sólo va a amplificar las vibraciones negativas con las que estás viviendo.

El punto a recordar aquí es dejar ir el apego y tus expectativas, y en su lugar enfocarte en lo que estás tratando de manifestar y cómo vas a hacer que suceda. Mientras sigas emitiendo esas vibraciones positivas, la Ley de Atracción hará que ocurra. Sin embargo, algunas leyes necesitan ser cumplidas.

Por ejemplo, puedes manifestar un millón de dólares, pero en la mayoría de los casos no va a suceder instantáneamente. No te despertarás y encontrarás un millón de dólares en tu cuenta bancaria o debajo de tu cama. Es posible que haya otras áreas de tu vida en las que debas trabajar antes de estar listo para tu manifestación, como tu trabajo o la forma en que utilizas el dinero como un escape de tu vida cotidiana. Si te dieran un millón de dólares, podrías gastarlo todo en cosas que no importan, y habría sido un desperdicio. Como no hay equilibrio, no estás preparado.

Necesitas pasar por el proceso de aprender a manejar tu dinero, adquirir las habilidades que necesitas, y estar en el punto correcto de tu vida donde la Ley de Atracción manifestará el millón de dólares que has pedido. ¿Recuerdas cómo Jim Carrey tuvo que esperar diez años para que su manifestación ocurriera? Lo mismo se aplica a ti.

Mientras tanto, sigue concentrándote en tu objetivo final, sigue visualizándolo y sigue apuntando a que ocurra. Deja de lado la expectativa de cómo y cuándo se manifestará, y sólo concéntrate en el hecho de que lo hará mientras sigas en la dirección correcta.

7. No busques razones para que no funcione ni te rindas cuando las encuentres

Esto a menudo impide que la gente utilice la Ley de Atracción de manera efectiva. Tu mente te dirá que esto no funcionará o que no es posible para ti. No dejes que te convenza de lo que quieres.

Tienes que ser consciente de tus pensamientos. Tengo que repetir esto porque es muy importante, y si no eres consciente de que puede suceder, sucederá sin que te des cuenta.

Así que, digamos que estás manifestando un millón de dólares, y no llega después de una semana, y piensas para ti mismo, 'Oh wow, eso fue tan poco realista pedir un millón de dólares. Como si eso fuera a suceder alguna vez'. Acabas de poner esa energía en el universo, y entonces te rindes. Adivina qué, esa es tu vibración, y ahora no lo manifestarás.

A lo largo de tu vida, vas a ver señales que pueden sugerirte que no vayas a por lo que te propones. Por ejemplo, pueden aparecer otras oportunidades de otros trabajos u otras relaciones que podrían llevarte por un camino completamente diferente. Esto se debe a que hay múltiples formas de alcanzar tu camino, cuyo resultado dependerá de tus manifestaciones y tus elecciones.

Por ejemplo, digamos que quieres tener éxito en tu carrera. Podrías tener éxito en el trabajo que tienes actualmente a través de un ascenso, consiguiendo un trabajo en una nueva empresa, o empezando tu propio negocio. Cuando manifiestes el éxito en tu carrera, manifestarás estas oportunidades en diferentes momentos, pero debes asegurarte de mantenerte firme con tus emprendimientos.

Recuerda que debes tener una idea clara de lo que quieres y de lo que intentas conseguir. Debes verlo claramente desde el principio, y es importante reconocer que otras oportunidades pueden ser vistas como tentaciones o incluso pruebas.

Tratarlas como pruebas del universo te da la oportunidad de comprobar si realmente quieres o no lo que crees que quieres. Si eres capaz de mantenerte en el camino y perseguir lo que quieres, entonces demuestra que estás comprometido, y por lo tanto envías ciertas vibraciones al universo de que quieres lo que quieres, y por lo tanto serás capaz de manifestarlo.

En mi caso, cuando les decía a mis padres que iba a empezar a escribir libros, me decían cosas como "¿No es muy difícil dedicarse a eso?" y "No sé cómo vas a poder mantenerte".

Estas son vibraciones que podría haber permitido que me impidieran seguir mi camino, pero elegí dejar de lado esas ansiedades y en su lugar trabajar en afirmarme a mí misma y, bueno, ¡estás leyendo el resultado!

Si te tomas en serio lo que te propones, estas son señales que debes ignorar.

Si encuentras resistencia en tu camino, es importante reconocerlo pero desviar tu atención de ellos y reenfocar tus pensamientos en lo que quieres. Esto aumentará la cantidad de enfoque que tienes en lo que quieres, por lo tanto enviando una energía más poderosa al universo, y recibirás una energía aún más poderosa.

En resumen, si combina todas estas tácticas, permitirá que la atracción deliberada comience a trabajar para usted, y notará que sus sueños comienzan a manifestarse en la realidad. Habrás tomado el control de la Ley de Atracción, y ésta te proveerá. Serás capaz de utilizar la Ley de la Atracción de manera más eficiente, y eso significa cosas aún mayores para tu vida.

Por supuesto, se necesita tiempo y práctica. Vas a fluir y refluir a través del camino de manera significativa ya que el mundo que te rodea está cambiando constantemente, pero todo eso es parte del viaje. La Ley de Atracción es la fuente de poder que te permite vivir la vida que quieres.

Habilidades a practicar para mejorar la atracción deliberada

Si quieres mejorar en la práctica de la atracción deliberada, hay algunas habilidades que puedes trabajar para desarrollar tu capacidad de manifestar la vida que deseas. Estos serán algunos consejos rápidos que pueden ayudarte a avanzar y perfeccionar tus habilidades sobre la marcha y ayudarte a manifestar resultados aún mejores.

1. Céntrate en la diversión

Perseguir tus deseos debería ser una experiencia agradable, así que si no estás disfrutando, entonces esto no es una atracción deliberada, no importa lo que parezca a tu alrededor. Si tu vida está llena de estrés y frustración, esta energía se manifestará en forma de problemas que te impiden conseguir lo que quieres cuando lo quieres.

2. Concéntrate en lo que tienes en lugar de lo que no tienes

Cuando nos centramos en lo que tenemos, damos gracias por esta abundancia, permitiendo que la energía fluya más libremente.

3. Sé paciente, persistente y positivo

Puede tomar tiempo para que lo que quieres se produzca, pero si eres paciente y persistente, entonces un día, la Ley de Atracción trabajará lo suficientemente rápido para que veas resultados en tu vida. Pase lo que pase, mantente positivo porque esta energía estará presente en tus pensamientos y emociones, e incluso podría afectar a las personas que te rodean.

4. Céntrate en los verdaderos sentimientos

Por ejemplo, si vas a conseguir un ascenso en el trabajo o quieres encontrar pareja, céntrate en cómo te sentirías al llegar a ese puesto y en cómo sería tu vida cuando lo tengas o lo hayas conseguido. Por supuesto, no estoy diciendo que debas descartar cómo te sientes ahora y vivir siempre con la cabeza en el futuro, pero cuando se trata de visualizar y del proceso de manifestación, centrarse en los sentimientos más que en la cosa en sí es lo que marca la diferencia.

5. Concéntrate en divertirte y apreciar lo que tienes, no en el resultado

Nos volvemos infelices cuando nos centramos únicamente en un resultado sin tener en cuenta lo divertido que es y lo agradecidos que estamos por todo lo que ya tenemos. Esto se debe a que es fácil presionarnos a nosotros mismos y a los que nos rodean si sentimos que las cosas no están sucediendo lo suficientemente rápido.

6. Permanece en el momento presente más a menudo

Puedes utilizar las experiencias pasadas de diversión o de positivismo como una forma de atraer sentimientos positivos cuando estés manifestando algo nuevo. Sin embargo, tienes que permanecer en el momento presente la mayoría de las veces, ya que insistir en las experiencias pasadas puede llevarnos a patrones de pensamiento poco útiles que nos impiden ver lo bueno que ya está ahí o apreciar lo que tenemos ahora mismo.

7. Deja que las cosas se desarrollen de forma natural

Puede ser tentador tratar de forzar que las cosas sucedan demasiado rápido, pero eso bloqueará el funcionamiento de la ley de la atracción porque no se va a alinear con lo que quieres. Si dejas que las cosas se desarrollen naturalmente, el universo hará todo por ti, así que todo lo que tienes que hacer es sentarte y permitir que tus deseos se manifiesten.

8. Deja de lado el resultado

Sé que esto puede sonar un poco contradictorio porque va en contra de todo lo que he estado diciendo sobre centrarse en lo que quieres, pero también hay un momento para dejarse llevar y dar la bienvenida a lo que surja.

Por ejemplo, si estás buscando un nuevo trabajo, debes dar la bienvenida a todas las posibilidades porque no sabes lo que va a pasar. Puede que pierdas tu trabajo y acabes en uno nuevo en el que encontrarás tu satisfacción manifiesta, o puede que acabes siguiendo un nuevo camino, como montar tu propio negocio, que quizá nunca habías considerado.

Se trata de afirmar tus deseos para tu carrera y luego confiar en que la ley de la atracción te respalda.

Si puedes concentrarte en traer estas habilidades a tu vida, te resultará mucho más fácil manifestar lo que deseas, y los resultados serán mucho más poderosos.

Intenta no sentirte abrumado por estos principios y, en lugar de centrarte en todos ellos, tómate el tiempo necesario para descubrir cuáles son los que funcionan para ti.

Estas ocho técnicas te darán una base muy necesaria si estás empezando con la Ley de la Atracción o cuando tengas dudas sobre cómo funciona.

Capítulo 6

Cómo los pensamientos y las palabras pueden guiar tu viaje

"Nunca subestimes el poder del pensamiento; es el mayor camino al descubrimiento."

— Idowu Koyenikan

No se puede negar que las palabras que piensas, dices y escribes son factores importantes a considerar cuando se trata de la Ley de Atracción. La Ley de Atracción y las palabras están inextricablemente ligadas. Decir palabras en voz alta, cantarlas a ti mismo o a otra persona, o escribir mensajes son formas de comunicarse con el universo.

Y cuando te comunicas con el universo, estás poniendo en práctica la Ley de Atracción. Entonces, esto plantea la pregunta, ¿cómo puedes dominar el arte de usar las palabras para acercarte a dominar la Ley de Atracción?

Palabras que se dicen y se piensan

Tus palabras son inmensamente poderosas. Si bombardeas constantemente tu mente con pensamientos negativos o te menosprecias, sólo conseguirás sentirte peor contigo mismo y atraer más negatividad a tu vida.

Esto se debe a que cuando dices las cosas en voz alta, se desencadena la misma emoción en la persona que las dice y en cualquiera que las escuche. Esto significa que si hablas negativamente de ti mismo, la gente lo captará al instante y se sentirá igual que tú.

Tus palabras también se convierten en algo habitual; cuanto más a menudo pronuncies una frase o palabra concreta, más natural será para ti y para los que te rodean. La mejor manera de dominar tus palabras es elegirlas cuidadosamente.

Las palabras que dices son tan poderosas como los pensamientos que tienes. Si los pensamientos son negativos, podrían tener un impacto más profundo en tu vida de lo que crees. Por ejemplo, si alguien piensa constantemente en estar solo o en no encontrar nunca el amor, puede descubrir que su vida empieza a reflejarlo.

Por otro lado, si una persona dice constantemente palabras de amor y aprecio, puede descubrir que se siente más amada o apreciada en su vida. Ambos ejemplos muestran cómo tus pensamientos y palabras pueden influir en el mundo que te rodea.

Escribir afirmaciones

Probablemente hayas oído hablar de las afirmaciones antes, pero no has sabido exactamente qué hacer con ellas. Pues bien, eso está a punto de cambiar.

Puede ser un reto pronunciar afirmaciones en lugar de limitarse a pensar en ellas porque temes parecer arrogante o egocéntrico. La verdad es que probablemente ya utilizas afirmaciones todo el tiempo sin darte cuenta. Por ejemplo, cuando alguien te dice "hoy estás muy bien", es probable que respondas con un "gracias" en lugar de pensar en lo bien que está la otra persona.

Eso es una afirmación en sí misma, y tiene un mayor efecto en tu vida si haces un esfuerzo consciente por hacerlo en lugar de dejar que ocurra de forma natural. Puedes utilizar esta misma estrategia cuando escribas afirmaciones, y cada vez que escribas una, dila en voz alta.

Esto ayudará a reforzar el efecto de la afirmación en tu vida y en cómo te sientes, porque entonces las palabras son mucho más poderosas. Cuando escribas afirmaciones, sigue estas reglas básicas:

Haz que cada afirmación sea personal. Puede que ya tengas una lista de afirmaciones escritas, pero cuando las escribas para ti, asegúrate de que sean diferentes cada vez. Si notas que tiendes a repetir las afirmaciones, cámbialas o deshazte de ellas.

Sé específico en tus afirmaciones. Es muy difícil ser positivo sobre algo si no se aplica a tu propia vida, pero si eres muy específico en tus afirmaciones, hace que sea más fácil de creer y más poderoso. En lugar de convencerte de que tienes éxito con el dinero o con la pérdida de peso, escribe la cantidad exacta de dinero que quieres ganar al año o cuál quieres que sea tu peso ideal.

Sé realista con tus afirmaciones. Si ya has escrito algunas afirmaciones que son demasiado irreales para tu vida en este momento, no tengas miedo de tacharlas y sustituirlas por algo más realista. Esto no significa que estés renunciando a la afirmación original; simplemente significa que son dos cosas distintas.

Aumenta tu confianza con afirmaciones

Muchas personas rehúyen de las afirmaciones porque creen que están siendo demasiado engreídas cuando repiten la misma frase una y otra vez. Pueden pensar que es una tontería o que es un proceso demasiado simple para que tenga algún efecto, pero esto está muy lejos de la verdad. Estos son conceptos erróneos comunes sobre las afirmaciones positivas.

De hecho, un estudio publicado en la revista Social Cognitive and Affective Neuroscience detalló cómo los científicos e investigadores utilizaron un escáner de resonancia magnética en personas que se repetían afirmaciones positivas a sí mismas. Los resultados mostraron que las personas que repetían afirmaciones activaban los centros de recompensa de su cerebro, que se relacionan con la dopamina y la serotonina.

Esta parte de tu cerebro es la responsable de que hagas cosas en tu vida. De lo contrario, no tendrías ganas de hacer nada. Si tienes hambre, comes y te sientes bien (la liberación de sustancias químicas de recompensa) que te hace sentir feliz de haber comido, por lo que no te mueres de hambre.

Curiosamente, nos encanta la comida rápida porque en el pasado, cuando vivíamos en cuevas y cazábamos nuestra comida, las grandes comidas azucaradas y con muchas calorías eran ideales porque nos llenaban y nos mantenían con energía durante más tiempo que una pieza de fruta, por eso nos sentimos tan bien cuando comemos comida basura.

A través de las afirmaciones, puedes activar estas mismas vías neuronales y, por tanto, utilizarlas en tu beneficio. Si dices algo como: "Me ganaré ese ascenso", se activan las vías de tu cerebro, y como todas tus motivaciones en la vida están influenciadas por esta fuerza motriz, es mucho más probable que pases a la acción para cumplir la idea de la afirmación que te estás diciendo a ti mismo.

Todo se reduce a querer algo y repetirlo tanto que tu cerebro se hiperenfoca en hacerlo realidad. Si unes esto a la Ley de Atracción, tendrás la tormenta perfecta cuando se trata de manifestar lo que quieres, tanto a escala universal como individual.

Haz que tus afirmaciones sean personales y realistas para tu propia vida y podrás aumentar tu confianza mientras te das a ti mismo el enfoque y la claridad a la hora de tomar decisiones poderosas en tu día a día. Las afirmaciones te ayudan a visualizar claramente lo que quieres y te ayudan a enviar las vibraciones correctas de lo que quieres atraer.

Intenta escribir diez afirmaciones que sean personales, específicas y realistas. Escribe cada afirmación tres veces al día;

una por la mañana, otra por la tarde y otra antes de acostarse. Puntos extra por decirlas en voz alta cada vez.

Las palabras que dices a los demás

Al igual que las palabras que te diriges a ti mismo pueden marcar una gran diferencia en el tipo de energía que traes a tu vida, lo mismo ocurre con las palabras que utilizas al hablar con otras personas o sobre ellas.

Por ejemplo, chismorrear o difundir rumores sobre los demás disminuye tus vibraciones del mismo modo que publicar un Tweet negativo o escuchar una fuente de noticias negativa. Las palabras son como la magia, y siempre que las utilices, asegúrate de que estás enviando el mensaje que quieres enviar, y de que estás siendo lo más conciso y específico posible.

Tienes que ser consciente de las palabras que eliges cuando hablas de otras personas. Es normal que algo que ha hecho alguien te moleste y afecte a tu opinión sobre él, pero eso no ayuda a ninguno de los dos. Si constantemente te dices a ti mismo que alguien es una mala persona, te va a costar creer que pueda ser otra cosa.

Cuando hablas de otras personas, las palabras que utilizas pueden construirlas o derribarlas.

Las palabras que le dices al universo

Las palabras que le dices al Universo importan. Esto es lo que son las afirmaciones, así que quieres asegurarte de que estás diciendo las cosas con la mejor de las intenciones.

Las palabras que utilices al hablarle al Universo deben mejorar tu vida. Si hay algo en tu vida que no te gusta o que desearías que fuera diferente, háblale directamente y dile cómo te sientes y qué quieres que ocurra.

En lugar de decirle al Universo que las cosas saldrán como tú quieres o que conseguirás algo si está destinado a ser tuyo, intenta decir: "Acepto esta situación con gracia" o "Elijo la felicidad incluso en los momentos difíciles".

Tus palabras crean tu realidad

Tus palabras son tu realidad, tu realidad es lo que atraes. Ten claro lo que quieres y cómo te gustaría verte. Si dices "soy hermoso" pero no lo crees ni actúas como tal, el Universo te traerá más personas que te digan lo contrario.

Sin embargo, si tus palabras están llenas de buenas intenciones y son universales, te ayudarán a crecer. Una vez que empieces a tener más confianza en lo que eres y en lo que puedes hacer, el Universo te lo devolverá trayendo seres seguros y positivos.

Y si eso no ocurre, tienes que elegir si quieres o no cambiar tus palabras para que se conviertan en tu realidad.

Capítulo 7

Los tres pasos de la Ley de Atracción

Vete a ti mismo viviendo en la abundancia y la atraerás.
Siempre funciona, siempre funciona, con cada persona
– Bob Proctor

Vamos a centrarnos en algunas formas prácticas de utilizar la Ley de Atracción.

Aplicarás este paso tanto a nivel macro como micro. Podrás crear cosas muy grandes e importantes pensando en ellas de una manera muy pequeña.

Paso 1: Identifica tu deseo

El primer paso es identificar tu deseo. Esto implica decir qué quieres, por qué lo quieres y cómo sabrás cuando lo tengas. A veces esto es muy sencillo, pero otras veces puede ser un poco difícil averiguar exactamente lo que queremos y por qué lo queremos.

Así que tómate un tiempo para aclarar lo que quieres. Puedes escribir tus deseos o simplemente grabar un audio o un vídeo, asegurándote de decir por qué lo quieres. Esto ayuda porque a veces tenemos grandes sueños, pero no nos sirven en el momento presente. Cuando pienses en tu deseo y lo escribas, tienes que especificar cómo sabrás que se ha manifestado. ¿Qué hará que sea real para ti?

Esto es importante porque si no hay forma de medir el resultado, será difícil saber si lo que buscamos existe realmente o no. Hay que hacer muchas conjeturas, por eso es importante tomarse el tiempo necesario para averiguar esos detalles.

Paso 2: Creencia

El segundo paso consiste en averiguar cómo puedes creer de verdad que puedes hacer realidad tu sueño. Es esencial creer plenamente en lo que estás haciendo para llevarlo a cabo hasta el final.

Hay diferentes maneras de hacerlo, pero la mejor suele ser

mirar todos los ángulos implicados en lo que deseas. Busca a otros que hayan manifestado algo similar o empieza por manifestar algo aparentemente pequeño. Esto puede ser manifestar algo tanto positivo como negativo. Una vez que tengas tu prueba, será mucho más fácil para ti creer en manifestaciones mucho más grandes en tu vida.

Recientemente hablé con un amigo que transmite videojuegos en su tiempo libre. Estaba jugando un juego y se enfadó increíblemente y terminó siendo muy ofensivo con los jugadores de su equipo. A través de estas acciones y palabras, empujó una tonelada de vibraciones negativas hacia el universo.

Al día siguiente, una persona muy cercana a él dejó la comunidad por razones personales de forma inesperada. Otras personas discutieron en los canales de texto de la comunidad por algo, lo que hizo que la comunidad estuviera muy dividida. Todo esto se debió a que amplificó la energía negativa sin pensar en sus juegos.

En cuanto se tomó un momento para moderar el tono y reconoció que sus acciones estaban mal, adoptó un panda rojo con el dinero de la comunidad y lo donó a un proyecto de conservación. Todo el mundo se reconcilió rápidamente después de esto. Así de rápido puede funcionar la Ley de Atracción.

Practica tus técnicas de visualización y sigue sintiendo las emociones y los sentimientos que imaginas que sentirías si ya hubieras conseguido y logrado ese objetivo. Esto ayuda porque es casi como cebar la mente subconsciente para que piense que esto ya ha sucedido. También puedes imaginar cómo reaccionarán tus amigos y familiares cuando se enteren de tu éxito.

Pero recuerda, no te alegres sólo por ti, tómate un tiempo para disfrutar también de su alegría. También puedes establecer un plazo ideal para que se produzca tu manifestación, para que el universo sepa que vas en serio con lo que quieres.

Paso 3: Triunfa

Este último paso tiene que ver con la manifestación. Has establecido lo que quieres, y tienes la plena creencia de que va a suceder, pero ahora tienes que ser específico con ello. Esto significa aplicar las técnicas que hemos cubierto en este libro.

Ahora, querrás crear una serie de órdenes que actúen como un plano de lo que quieres lograr. Deben ser afirmaciones muy contundentes y directas que establezcan un marco temporal claro y te levanten el ánimo recordándote lo increíble que se siente al cumplir este deseo.

Este es un ejemplo: "¡Estoy muy agradecido por mi nuevo coche, que recibiré en los próximos seis meses! Y aunque voy a tener un coche que me hace sentir feliz y realizado, voy a deleitarme con la felicidad de todos mis amigos y familiares mientras se maravillan de la maravillosa persona en la que me he convertido".

Sigue repitiendo estas afirmaciones y sigue comprometiéndote con tu éxito. La repetición es la clave.

Así que estos son los tres pasos que te ayudarán a empezar a manifestar tus deseos en la realidad. Recuerda que te llevará algo de tiempo y esfuerzo, pero una vez que veas cómo funciona, ¡querrás ponerlo en práctica todo el tiempo!

Capítulo 8

Métodos de práctica

Este capítulo trata de construir sobre las prácticas del capítulo anterior. Si la técnica de los tres pasos es la base, estos son los pasos intermedios y avanzados que te ayudarán a elevar lo que eres capaz de atraer y manifestar.

El método de apilamiento

Esta técnica consiste en apilar manifestaciones pequeñas, medianas y grandes unas sobre otras. Es como hacer rodar la pelota y permitir que tus deseos comiencen a reunirse sin demasiado esfuerzo de tu parte.

Digamos que quieres 100 dólares ahora mismo. Eso se

consideraría una pequeña manifestación, así que podemos dejarlo fuera de la ecuación. Pero también quieres un nuevo trabajo para poder pagar tus facturas y tener suficiente dinero para vivir cómodamente sin necesitar un trabajo extra. Esto se consideraría una manifestación mediana, así que la pondríamos en la columna del medio.

Sin embargo, si quisieras tener 20.000 dólares en tu cuenta de ahorros, esto se consideraría una manifestación grande que pondríamos al final.

¡Ahora empezamos a apilar! Digamos que quieres 100 dólares. Empezarás con las manifestaciones más pequeñas primero.

Así que 100 dólares es una manifestación relativamente pequeña. Podrías conseguirlo trabajando en una oportunidad de trabajo puntual que manifiestes o en tu paga mensual. Necesitarías manifestar esto diez veces, básicamente apilando diez manifestaciones una encima de la otra para luego tener $1000.

$1,000 para la mayoría de la gente es una manifestación mediana. Entonces tendrías que apilar esta manifestación mediana veinte veces para llegar a los 20.000 dólares, que es una manifestación grande. O manifestar el pequeño manifiesto de 100 dólares 200 veces.

En lugar de ir a por una manifestación más grande de golpe,

realmente puede ayudar a dividir las cosas y abordarlas un paso a la vez, lo que eventualmente conduce a esa manifestación más grande.

El truco de cómo funciona esto es que lograrás una pequeña manifestación, y obtendrás la sensación de lo que se siente al manifestar algo con éxito, lo que hace que sea mucho más fácil para ti visualizar lo que quieres porque ya has experimentado esos sentimientos. Concéntrate en ellas y sigue adelante. ¡Repite y repite y repite hasta que tus sueños se hagan realidad!

El método del lapso de tiempo

La técnica del lapso de tiempo es ideal para cuando se quiere manifestar algo con relativa rapidez.

Por ejemplo, digamos que tienes un plazo urgente en la próxima semana. Puedes usar este método para acelerar las cosas apilando pequeños, medianos y grandes lapsos de tiempo uno encima del otro, pero primero, aquí hay una pequeña explicación.

El método del lapso de tiempo se centra literalmente en el tiempo, y con ello me refiero al pasado, al presente y al futuro. Lo que estás haciendo es utilizar el tiempo de una manera que te ayude ciertamente a manifestar tu realidad deseada.

Para hacer esto, necesitas pensar en un número igual de cosas, en este caso, voy a elegir seis, ya que cumplir un plazo es una manifestación relativamente pequeña en comparación con algo como un millón de dólares, pero podría ser grande para ti. Depende de tu perspectiva. Idealmente, querrás usar seis cosas para una manifestación pequeña, de 9 a 12 para una mediana y 15 para una grande.

En cualquier caso, tiene que ser divisible por tres.

Lo siguiente es tomar cosas del pasado y del presente. Estoy pensando en seis cosas, dos del pasado, dos del presente y dos del futuro. Estoy pensando en cosas que agradezco y de las que estoy seguro tanto en el pasado como en el presente y luego las aplico al futuro, o en otras palabras, a la realidad que estoy manifestando.

Así que, utilizando el ejemplo de cumplir un plazo, mi proceso puede ser algo parecido a esto;

El pasado

- Llevo tres años en este trabajo y soy capaz de hacerlo

- Me he desafiado a mí mismo y he cumplido con los plazos antes

El presente

- Estoy sano y capaz de completar el trabajo

- Tengo el apoyo de mi equipo para ayudarme a realizar el trabajo

El futuro

- Completaré el trabajo a tiempo para la fecha límite

- Lo completaré con la calidad deseada

Por supuesto, cuantos más puntos pongas en tus listas, más poderosas serán tus manifestaciones. El punto que necesitas recordar es que necesitas tener claridad y certeza basada en el pasado y el presente y puedes aplicar estos sentimientos a tu futuro deseado. Lo que anotes depende de ti. Puede ser un sentimiento, un acontecimiento, un objeto físico, una persona o un lugar. Se trata de averiguar qué es lo que funciona para ti.

Ahora, quieres traer el poder de las visualizaciones y la manifestación en este método para que funcione. Así que revisa tus afirmaciones, y escríbelas como afirmaciones que luego vas a apilar una sobre otra. Por ejemplo;

- Estoy agradecido por mi experiencia laboral y por lo capaz que soy gracias a ella

- Estoy agradecido por mi trabajo duro y mi capacidad para cumplir con los plazos

- Agradezco estar en un lugar físico y mentalmente positivo

- Estoy agradecido por el apoyo de mi equipo

- Estoy agradecido por mi compromiso con mi mundo y mi impulso para cumplir con los plazos

- Estoy agradecido por mi capacidad para completar mi trabajo con una alta calidad

Mediante el proceso de apilamiento de esta manera, tendrás la dirección y el enfoque que necesitas para hacer las cosas y manifestar un final exitoso de tu plazo.

No es una ciencia exacta, pero puede ayudar a acelerar las cosas cuando estás presionado por una fecha límite.

Hemos hablado de la Ley de la Atracción como una forma de manifestar tus deseos o atraer algo que quieres a tu vida. ¿Pero qué pasa si no siempre se trata de tener algo tangible?

Tal vez alguien está enfermo, y usted quiere ayudarle a sentirse mejor. ¿Cómo podemos utilizar esta misma técnica si nuestros deseos no son siempre algo que podamos ver y tocar?

La respuesta está en el arte de sentir.

Volvamos al ejemplo anterior, en el que querías un nuevo trabajo para poder pagar tus facturas y tener suficiente dinero para vivir cómodamente sin necesitar un trabajo extra. ¿Qué sentirías si estuvieras viviendo esa vida actualmente?

Si no estás seguro, tómate un tiempo y cierra los ojos. Imagina cómo sería encontrar por fin un buen trabajo en el que ganaras suficiente dinero y no tuvieras que preocuparte por pagar las facturas o tener un trabajo extra. Incluso puedes llegar a imaginar que eres libre económicamente y que puedes dedicar tu tiempo a hacer lo que quieras sin tener que trabajar horas extra. Tal vez quieras viajar por el mundo, montar un negocio o volver a estudiar. ¿Cómo te sentirías?

No hay una respuesta correcta o incorrecta, pero si te cuesta, te animo a que reserves un tiempo de tranquilidad para trabajar realmente en la respuesta a esta pregunta.

Una vez que hayas averiguado cómo te sentirías si tuvieras ese trabajo o el dinero suficiente para pagar tus facturas, dedica algún tiempo a visualizar esa sensación. Imagina lo bien que te sentirías si por fin estuvieras libre de preocupaciones y no tuvieras que pasar horas extra en el trabajo. Si realmente puedes ponerte en esta mentalidad, entonces realmente estás aprovechando el poder de tus emociones para manifestar.

Entonces, ¿por qué es tan importante ser capaz de sentir lo que quieres? Cuando usamos nuestra mente lógica o "cabeza" para tratar de visualizar o imaginar algo, es sólo cuando el centro de la emoción, también conocido como el corazón, se une que las cosas comienzan a cambiar.

Por eso, cuando intentas manifestar algo tangible, es igual de importante tener la emoción o el sentimiento de tener ya esa cosa para que se haga realidad. No basta con pensar en pagar las facturas o en tener un nuevo trabajo, porque si no consigues tener la mentalidad adecuada, no te será posible alcanzar esos objetivos.

Mirar esto desde una perspectiva diferente nos ayuda a entender mejor por qué no podemos manifestar cosas específicas. ¿Alguna vez has tenido uno de esos días en los que simplemente no puedes dejar de pensar en algo? Tal vez sea un ex novio o novia, querer comprar algo para lo que no tienes dinero, o incluso simplemente querer comer chocolate cuando estás a dieta. Sabes que estos pensamientos te hacen sentir mal de alguna manera, pero ¿qué bien nos hace a largo plazo?

La respuesta es: absolutamente nada. Todos estos pensamientos negativos producen emociones negativas, y por eso es tan importante romper el ciclo. La meditación es una forma de hacerlo porque te ayuda a ponerte en contacto con lo que tu cuerpo y tu mente están sintiendo, permitiéndote dejar ir todas las cosas que ya no sirven para un propósito positivo en tu vida, sin embargo, esto es algo en lo que vamos a profundizar a lo largo del Capítulo Nueve, así que mira este espacio.

Potenciadores de la atracción por gratitud

La gratitud es una forma estupenda de volver a convertir tus sentimientos en algo positivo. Cuando te centras constantemente en lo que tienes en lugar de en lo que no tienes, te ayuda a reducir los niveles de estrés y ansiedad al recordarte todas las cosas buenas que ya tienes en tu vida.

Y esto no es sólo por experiencia personal. Cualquiera que hable de autoayuda, autodesarrollo, atención plena o de la Ley de la Atracción hablará del poder de la gratitud y de lo importante que es adoptar una práctica de gratitud. Es más, la investigación científica es muy clara al respecto.

Hay un sinfín de estudios que demuestran que la gratitud;

- Crea relaciones mejores, más estables y más satisfactorias

- Mejora la salud física

- Mejora la salud mental y psicológica

- Aumenta la empatía

- Disminuye las tendencias agresivas

- Mejora la calidad del sueño

- Aumenta la autoestima y la autovaloración

- Mejora la capacidad de superar y procesar el trauma

Hagamos esto práctico y digamos que te encuentras en una situación en la que estás constantemente preocupado por el pago de tus facturas. Entonces podrías repetir una afirmación como "Estoy agradecido por todo el dinero que entra y sale cada mes y por el dinero que ya tengo en mi cuenta".

Puedes empezar esta afirmación en cuanto pienses en ello, y al hacerlo, cambiarás inmediatamente tus pensamientos hacia la gratitud.

Dicho esto, he aquí una lista de cinco afirmaciones simples pero eficaces para manifestar:

1) 'Mis deseos se manifiestan ahora rápida y fácilmente.'

2) 'Mi trabajo es satisfactorio y agradable.'

3) 'Me gusta pasar tiempo con (inserte nombre aquí).'

4) 'Estoy rodeado de amor y luz.'

5) 'Cada día y en todos los sentidos, mi vida es cada vez mejor.'

6) 'Estoy relajado y tranquilo.'

7) 'Me siento exitoso y encaminado hacia mis objetivos.'

8) 'Siempre estoy manifestando las personas adecuadas, las oportunidades y la abundancia en mi vida.'

9) 'Estoy centrado, soy positivo y disfruto de la vida al máximo.'

10) '¡Mis sueños se están haciendo realidad ahora!'

Si realmente puedes lograr esta mentalidad, estás aprovechando realmente el poder de tus emociones para manifestar.

Método de escritura para manifestar

Otra forma de aprovechar el poder de tus emociones es a través de la escritura. Este método también se conoce como scripting, y se cree que es una de las técnicas de manifestación más prácticas que existen. Ahora podrías pensar, ¿por qué querría escribir algo cuando podría mantenerlo en mi cabeza?

La respuesta es que al escribir las cosas, es mucho más probable que sigas y tomes acción debido a la cantidad de energía requerida.

Escribir lo que quieres te permite visualizar tu objetivo con todo detalle, incluyendo cómo se verá y sentirá, así como cualquier otra cosa que puedas sentir en el momento de escribir. También sirve de recordatorio, para que no olvides lo que te has propuesto conseguir. Para resumirlo, estos son los pasos para el guion:

1) Escribe lo que quieres en tiempo presente y utiliza "soy" en lugar de "quiero".

2) Escribe cómo te sentirías utilizando palabras positivas como feliz, emocionado o inspirado. Por ejemplo, si quieres un nuevo trabajo, escribe 'Estoy muy contento y emocionado por ir a trabajar mañana porque tengo un nuevo y fantástico trabajo'.

3) Haz tu lista tan larga como quieras escribiendo todas las cosas que puedes tener o hacer.

4) Lee tu lista en voz alta todos los días, un mínimo de tres veces al día, idealmente al menos una vez por la mañana antes del desayuno, otra vez por la tarde y una vez más justo antes de irte a dormir.

5) Lleva tu lista contigo, si es posible, para poder leerla a lo largo del día. Esto permitirá que se hunda en tu subconsciente y facilitará que las cosas se manifiesten rápidamente.

6) Una vez que sientas que algo se ha manifestado o ha llegado a buen puerto, recuerda dejar de leer tu lista y tomarte unos momentos de cada día para agradecer lo que tienes ahora.

Así pues, ¡ahí lo tienes! Un método sencillo para utilizar la Ley de Atracción que te ayudará a sentirte bien y a convertirte en un imán para todas las cosas positivas de la vida.

El método de manifestación

El método de manifestación es una técnica que puedes utilizar para manifestar algo rápidamente. Es muy similar a la escritura porque implica escribir lo que quieres, pero hay algunas diferencias clave entre los dos métodos. Lo primero que tienes que hacer es escribir tu lista de objetivos o deseos utilizando palabras positivas y hablando en tiempo presente.

También es necesario que visualices lo que se siente al tener ya tu objetivo, pero en lugar de hacerlo utilizando palabras positivas como "emocionado" o "feliz", puede que te resulte más fácil escribir realmente cómo se sentiría. Esto puede hacerse pensando en los distintos sentidos y escribiéndolos todos en detalle, como si fuera una lista. Por ejemplo, si quieres un nuevo trabajo, tu lista podría ser así:

Estoy sentado en mi nueva oficina y puedo oler el café que se está preparando en la cocina de al lado; puedo sentir el calor del sol en mi piel y ver que es un día perfecto para trabajar al aire libre; puedo oír a la gente charlando alegremente y el sonido de la tetera hirviendo para el té; puedo saborear el almuerzo que me acaban de traer, y sabe delicioso".

En esta fase también te puede resultar útil imaginar que tu objetivo ya se ha alcanzado hasta que lo recibas realmente. Así, si quieres un nuevo trabajo, puedes visualizarte vistiéndote para ir a trabajar, conduciendo hasta la oficina, entrando en ella y empezando a trabajar.

El siguiente paso es similar al de los guiones, en el sentido de que debes leer en voz alta lo que has escrito cada día hasta que sientas que tu objetivo se ha manifestado o se ha hecho realidad. También debes intentar repetir esta lista de pasos dos veces más en el transcurso del día.

La principal diferencia entre los dos métodos es que, mientras que los guiones se centran en conseguir que te sientas bien y, por tanto, en atraer la positividad, las técnicas de manifestación te enseñan a visualizar con gran detalle para atraer lo que quieres. Esto es especialmente útil si algo específico ha estado en tu lista de objetivos durante mucho tiempo. La técnica de manifestación es tan exitosa para este objetivo específico porque eres capaz de ver lo cerca que estás de conseguirlo y, por lo tanto, te vuelves aún más decidido que antes.

Así que, ¡ahí lo tienes! Un método simple que utiliza las técnicas de la Ley de Atracción, la escritura y la visualización simultáneamente. Una vez más, manifestar algo rápidamente usando este método tiene que ver con sentirse bien, así que asegúrate de sentirte agradecido por lo que ya tienes en tu vida en lugar de centrarte en lo lejos que parece tu objetivo.

CAPÍTULO 9

La meditación y la ley de atracción

"Es realmente un acto de amor radical el hecho de sentarse y estar en silencio durante un tiempo a solas"
— Jon Kabat-Zinn

Muchos de los empresarios más exitosos del mundo atribuyen al menos parte de su éxito a la meditación. La meditación ayuda a silenciar el parloteo y el ruido interno para centrarse en sus objetivos y deseos, lo que a su vez les ayuda a utilizar la Ley de Atracción de forma más eficaz.

Si es la primera vez que te encuentras con la idea de la meditación, ¡relájate! Este capítulo te explicará qué es la meditación, por qué puede ser tan efectiva y cómo hacerla correctamente, y el resto del capítulo te ayudará a crear tu propia técnica de meditación personalizada.

Meditación para la Ley de Atracción

La meditación es una práctica ancestral que ha sido utilizada durante siglos por innumerables culturas para ayudar a traer paz y tranquilidad a la mente, el cuerpo y el espíritu. Sólo hace relativamente poco tiempo en la historia de la humanidad que nuestra sociedad, siempre ocupada, se ha vuelto tan exigente que a muchas personas les resulta difícil incluso dedicar unos minutos de su día a meditar. Puede parecer extraño que algo tan sencillo pueda tener un efecto tan dramático, pero recuerda que hay indicios de que la meditación ha formado parte de la cultura humana desde el año 5.000 a.C., es decir, desde hace más de 7.000 años.

Se sigue practicando hasta hoy, y por una buena razón. La meditación es muy parecida al proceso de escribir tus objetivos en el sentido de que te permite despejar todo el exceso de información que flota en tu mente para dejar espacio a lo que realmente importa. Te ayuda a aprender a concentrarte en lo que quieres y no en lo que no quieres, y esto es especialmente importante cuando se practica la Ley de Atracción.

Si la meditación te parece demasiado novedosa, piensa que es simplemente tomarse un tiempo para relajarse y bajar el ritmo; ya sea durante la pausa para comer o en el autobús de vuelta a casa, incluso cinco minutos pueden suponer una gran diferencia.

El poder de la meditación para atraer lo que quieres

La mayoría de la gente no se molesta en meditar, pero los que lo hacen a menudo ven que sus vidas cambian de una manera que nunca creyeron posible. Para muchos, es una práctica que trae consigo muchos pensamientos condicionados, como que es una práctica utilizada para despejar tu mente de todos los pensamientos o para ordenar toda la negatividad que desordena tu mente, pero es mucho más que eso.

Puedes utilizarla como una forma de estar más presente, permitiéndote estar atento a las oportunidades y señales del universo. Puede ayudarte a aumentar tus niveles de autodisciplina, y sobre todo, en el contexto de este libro, puede ser utilizado como una herramienta para aprovechar el poder de la Ley de Atracción y la manifestación.

También puede utilizarse para ayudarte a conocerte mejor.

Puedes calmar tu mente y concentrarte en tus pensamientos, permitiéndote una visión única de cómo te sientes y en qué estás pensando. Así podrás ver qué pensamientos estás teniendo y, por tanto, qué vibraciones estás emitiendo al universo. Esta es una forma de tomar el control sobre tus manifestaciones deliberadas y no deliberadas.

En esta sección, desglosaré la meditación y cómo puedes usarla como una poderosa técnica para acercarte y sentirte cómodo con la Ley de Atracción. Empecemos por lo básico y repasemos todo lo que hemos aprendido hasta ahora.

Crear tu propia técnica de meditación

Hay infinitas maneras de meditar. Puedes sentarte en una habitación tranquila con las piernas cruzadas durante diez minutos en una postura de meditación tradicional, o puedes beber con atención una taza de café para llevar en un tren con mucho tráfico. Hay muchas variantes de meditación, pero el truco está en experimentar para ver qué funciona para ti.

Todo el mundo es diferente y tiene distintas formas de pensar, así que tienes que ser creativo y estar abierto a probar cosas nuevas hasta que encuentres una forma de meditar que realmente te funcione. Esto es lo que significa crear tu propia técnica de meditación. Sin embargo, intenta no tratarlo como una misión o una tarea para obtener los mejores resultados. En cambio, diviértete con ella y trátala como un viaje.

¿Por dónde empezar?

En primer lugar, empieza por dominar los fundamentos de la meditación, y recuerda que la meditación no es algo que se pueda aprender en un día y luego se haya terminado de por vida. Es un proceso que evolucionará continuamente a lo largo de tu vida, y siempre puedes profundizar en tu práctica. Pero por ahora, empecemos con lo esencial, especialmente si eres nuevo en la práctica.

Empieza por encontrar un espacio tranquilo en un lugar en el que te sientas cómodo y siéntate en silencio con los ojos cerrados. Concéntrate en tu respiración. Ralentiza tu respiración. Inhala por la nariz durante cinco segundos, mantén la respiración durante seis segundos y luego exhala por la boca de forma lenta y constante durante ocho segundos. Si no puedes hacer estos tiempos, ajusta y realiza este ejercicio de la manera que te convenga.

Mientras repites este ciclo de inhalación y exhalación, concéntrate en las pequeñas pausas, los huecos y los momentos de silencio entre tus inhalaciones y exhalaciones. Notarás que hay un pequeño momento de quietud mientras cambias. Este acto de concentración te ayudará a ser más consciente de tus pensamientos y del tipo de pensamiento que está manifestando tu realidad.

Mientras te sientas, repite este patrón de respiración durante varios minutos mientras prestas atención a tu mente. Intenta ver qué pensamientos vienen a tu mente de forma natural y qué tipo de patrones tienen. No te dejes llevar por el pensamiento en sí mismo, sino más bien obsérvalo desde una perspectiva externa, como si estuvieras observando tus pensamientos.

Etiqueta los pensamientos como positivos, negativos o por su tema, y luego déjalos ir. Esto requerirá algo de práctica, y vas a notar una y otra vez que caes en el proceso de pensar cualquier pensamiento que surja, y eso está bien. Sé compasivo contigo mismo y perdónate si te quedas atrapado en tu pensamiento y te das cuenta de que has pasado la mayor parte de la sesión perdido en tus pensamientos.

Esto es lo que ocurre, así que ten paciencia contigo mismo y te aseguro que mejorarás con el tiempo. La meditación es una habilidad que se puede practicar y perfeccionar. Ahora que conoces los fundamentos, puedes empezar a personalizarla para adaptarla a ti y hacer que funcione de la mejor manera para ti.

Por ejemplo, ¿prefieres tener una rutina en la que medites por la mañana o por la noche? ¿Te gusta el silencio o tener música de fondo? ¿Te gusta guiar tu propia meditación o prefieres utilizar la meditación guiada? ¿Quizás las clases de meditación sean lo mejor para ti? ¿Prefieres la meditación para escuchar tus pensamientos o para visualizar tus manifestaciones? ¿Utilizas la meditación como una mezcla de ambas?

A esto me refiero con crear tu propia rutina de meditación. Una rutina es esencial, ya que se trata de una práctica diaria, pero la forma de llevarla a cabo depende totalmente de ti. Te llevará tiempo y experimentación, un proceso que durará toda la vida y en el que te sumergirás en varias formas de práctica.

Mientras sigues perfeccionando tu proceso de meditación, intenta desarrollar una práctica en la que medites al menos una vez al día.

Empieza reservando cinco minutos cada vez y ve creciendo. Intenta visualizar y estar en paz. Intenta meditar y luego escribir tus pensamientos. Si estás buscando llevar tu práctica de la Ley de Atracción al siguiente nivel, usar la meditación es definitivamente una parte esencial del proceso, como continuaremos explorando ahora.

Vivimos en un mundo lleno de distracciones, y es casi imposible despejar todo lo que fluye constantemente en nuestra mente. Incluso cuando nos relajamos, solemos pensar en el trabajo, las relaciones, el dinero y otras preocupaciones; por eso a la mayoría de la gente le resulta difícil relajarse y disfrutar.

La meditación te ayuda a perder todas tus preocupaciones y a encontrar tu enfoque, pero hay otra razón por la que funciona tan bien cuando se combina con la Ley de Atracción; cuando meditas, estás enviando una señal al universo, que dice: "enfócate en mí".

Recuerda que no se trata de vivir tu vida sin cometer errores o sin preocuparte nunca por el futuro, sino de encontrar la paz y la armonía para que tus pensamientos sean siempre positivos. Cuando meditas, estás pidiendo al universo que te ayude a manifestar todo lo que quieres en tu vida, y como resultado de hacerlo regularmente, muchas personas experimentan resultados fenomenales.

Los beneficios de la meditación

Ahora bien, no hay que fiarse sólo de las palabras de los monjes de hace siglos, ni del aval de un CEO de Silicon Valley para creer que la meditación funciona y puede aportar una serie de beneficios a tu vida. La investigación científica lo ha demostrado muchas veces. De hecho, lo único que parece impedir que la gente medite regularmente es su propia mente.

Entonces, ¿cuáles son estos beneficios?

- La meditación aumenta tus niveles de concentración y enfoque. Esto es ideal para manifestar y utilizar la Ley de Atracción porque necesitas ser capaz de enfocar y concentrarte en lo que quieres.

- La meditación reduce el estrés y la ansiedad. Todo el mundo tiene diferentes factores desencadenantes que los hacen estresarse, y es importante ser capaz de lidiar con esto antes de empezar a trabajar con la Ley de Atracción universal; de lo contrario, tu mente estará constantemente nublada por pensamientos y sentimientos negativos.

- La meditación te ayuda a dormir mejor por la noche. Esto es particularmente útil para aquellos que tienen dificultades para dormir, y se trata de ser capaz de relajarse.

- La meditación te ayuda a mejorar tu salud en general. Como resultado directo de sentirse menos ansioso y estresado, tu cuerpo también experimentará los impactos positivos - incluyendo una presión arterial más baja y una respiración más fácil.

- La meditación te hace sentir más feliz. Cuanto más medites, más feliz te sentirás contigo mismo y con tu vida, ¡lo que tiene el efecto de hacer más felices a las personas que te rodean!

- Se ha demostrado que la meditación ayuda a perder peso. Esto se debe a que la meditación de atención plena te ayuda a ser más consciente de tus pensamientos y sentimientos. Por lo tanto, eres capaz de notar tus antojos de comida o aperitivos e identificar tus desencadenantes. Ser más consciente puede hacer que no caigas en tus viejos hábitos tan a menudo.

- Se dice que la meditación ayuda a vivir más tiempo porque reduce el riesgo de enfermedades asociadas al estrés y la ansiedad, como las enfermedades cardíacas o ciertos tipos de cáncer.

Esta lista es suficiente para animar a muchas personas a practicar la meditación a diario, pero hay muchos más beneficios. ¿Cuántas personas habrían pensado que la meditación ayuda a dormir mejor?

Es increíble cómo puede cambiar tu vida y hacer que todo sea mejor.

La vida es dura y está llena de distracciones, lo que hace difícil mantener la concentración. Sin embargo, a través de la meditación, puedes aprender a controlar tus pensamientos y sentimientos en lugar de que ellos te controlen a ti; esto te permite manifestar las cosas que te importan de forma mucho más eficaz, porque no basta con pensar en ellas.

La forma de meditar puede variar, y hay muchas técnicas, como la meditación guiada o simplemente cerrar los ojos y escuchar los sonidos que te rodean. Algunas personas prefieren llevar tapones para los oídos mientras meditan, mientras que a otras les gusta escuchar música. Lo importante es que encuentres una forma que te funcione y te esfuerces por meditar a diario.

Los cinco pasos de la meditación

Meditar es un proceso bastante sencillo en teoría, pero la realidad de la práctica hace que sea algo más que sentarse y no hacer nada. Requiere prestar atención y tomar conciencia de tus pensamientos, lo que puede resultar incómodo de vez en cuando.

Si estás lidiando con emociones difíciles, como el estrés, la ansiedad, el dolor o incluso la depresión, puede que intentes meditar, sólo para descubrir que tu mente piensa en un millón de pensamientos por minuto. Esto sucede. Puede que no quieras pensar en nada de eso y prefieras recurrir a tu mecanismo habitual de afrontamiento, pero en momentos así, la meditación es esencial.

Cuando estaba gravemente deprimida y pensaba en quitarme la vida, reprimía estos pensamientos hasta que era básicamente imposible meditar porque esos sentimientos volvían a aparecer. Tal vez en tus propias experiencias, ya sea por el estrés, la ira o la tristeza, has intentado meditar pero te resulta incómodo sentarte con esos sentimientos.

La mejor manera de abordar esto (además de buscar ayuda profesional si la necesitas o involucrarte en otras formas de autocuidado) es practicar la meditación a pesar de todo y hacer lo que puedas.

Aunque no estés "pasando por algo", es posible que tu mente divague de forma espectacular mientras meditas, y eso está bien. Puede que te vengan a la mente aspiraciones vívidas, o que sientas que los planes se manifiestan, y eso está bien. La meditación consiste en ser capaz de aceptar lo que "es".

La meditación también se puede utilizar como una herramienta para acceder a otras cosas, como maximizar el poder de la Ley de Atracción. Por ahora, empecemos con lo básico.

1. Encuentra un espacio tranquilo donde puedas meditar sin distracciones.

2. Siéntate en posición vertical con los pies apoyados en el suelo y los brazos descansando a los lados.

3. Cierra los ojos y concéntrate en el punto entre las cejas, ¡conocido como el chakra del tercer ojo!

4. Respira profundamente por la nariz e imagina que estás inspirando energía negativa y exhalando energía positiva.

Si tu mente empieza a divagar, vuelve a llevarla al chakra del tercer ojo y concéntrate en tu respiración.

5. Continúa así todo el tiempo que necesites, asegurándote de que cada vez que tu mente empiece a divagar la devuelves concentrándote en el chakra del tercer ojo.

Eso es prácticamente todo.

No importa cuánto tiempo medites, siempre y cuando lo conviertas en parte de tu rutina diaria y trates de sentarte en el mismo lugar todos los días. Esto ayudará a que sea más fácil cuando intentes concentrarte porque, después de algún tiempo, tu mente empieza a asociar ese espacio con la meditación, lo que hace que sea más fácil cada vez.

Cuando medites, asegúrate de estar totalmente relajado y de

centrarte en el momento presente. Al concentrarte en tu respiración, te distraes de cualquier pensamiento o sentimiento negativo que pueda ser abrumador.

También puedes aprovechar este momento para visualizarte viviendo la vida de tus sueños. Cuanto más vívida sea, mejor, porque ayudará a manifestar la vida de tus sueños.

Sin embargo, es importante recordar que tu práctica de meditación es para ti, y puedes personalizar lo que haces dependiendo del tipo de resultado que quieras. Por ejemplo, es posible que quieras meditar para;

- Liberar el estrés

- Practicar la visualización

- Despejar la mente

- Conectar mejor con el momento presente

- Hacer las paces con la ansiedad

- Explorar posibles soluciones a los problemas

- Darte cuenta de tus objetivos

- Averiguar lo que quieres en la vida

- y mucho más

Todas estas razones para meditar te ayudarán a profundizar en tu capacidad para utilizar la Ley de Atracción. Así que, por ejemplo, si quieres usar la meditación para visualizar tu futuro yo y tener claridad con lo que estás tratando de manifestar, simplemente sigue los pasos anteriores, asegurándote de que estás en un estado mental aterrizado y tranquilo, aprovechando tu capacidad de concentración.

En mi propia experiencia, yo entraba en este estado mental después de unos minutos, pero seguía siendo un reto dejar de pensar, así que decidí concentrarme en lo que eran esos pensamientos. Si era realmente intenso y mis pensamientos viajaban rápidamente, abría los ojos y escribía lo que me venía a la mente, básicamente descargándolo todo en la página.

Si quieres visualizar, sigue el proceso, entra en un estado mental más tranquilo y concentrado durante unos minutos, quizás diez, y luego practica la visualización. Utiliza este estado mental para sentir realmente lo que quieres y lo que pretendes.

Si quieres respuestas a un problema, utiliza la meditación para explorar ciertas vías. Observa lo que surge y, cuando encuentres una respuesta potencial, visualízala.

Sea cual sea el enfoque que adoptes, sea lo que sea que quieras hacer, y sea lo que sea para lo que estés tratando de usar la Ley de Atracción, asegúrate de que lo estás haciendo todos los días.

Haz de la meditación una rutina. Cuanto más practiques, mejor lo harás, y mejor será tu conexión con la Ley de Atracción.

Es entonces cuando verás los verdaderos resultados llegar a tu vida.

Conclusión

Y con eso, ahora sabes todo lo que necesitas saber cuando se trata de usar la Ley de Atracción en todas las áreas de tu vida. Ya conoces la lógica y la ciencia que hay detrás de esta práctica y las técnicas prácticas que puedes utilizar en tu vida.

He conseguido mejorar muchas áreas de mi vida con las que estaba menos contenta simplemente utilizando técnicas como la meditación y la visualización. Si las haces con regularidad, te sorprenderá el mayor control que tienes sobre tu propia vida, ¡una sensación increíble!

Sin embargo, se necesita práctica y constancia. No es sólo un proceso de escribir y concentrarse en lo que quieres una sola vez. Es un proceso que cambia la vida y que realmente no termina.

Es el proceso continuo de aprovechar el poder de tu mente a través del uso repetido que abrirá nuevas puertas en áreas que nunca pensaste que eran posibles. Lo mejor que puedes hacer es empezar el proceso y ver las pruebas por ti mismo. Es toda la motivación que necesitarás para continuar.

Eso es todo por mi parte por ahora. Como punto final, si has disfrutado de la lectura de este libro, no dudes en compartir tus opiniones, experiencias, pensamientos o tu viaje con este libro dejando una reseña en la página de la tienda donde recogiste tu copia y dejando un comentario en la sección de reseñas.

Leeré todo lo que se publique, y estoy deseando escuchar lo que tienes que decir. Estoy en mi propio viaje para manifestar mi pasión, construir mi carrera y convertirme en la mejor escritora que pueda ser, así que agradezco el tiempo que te has tomado no sólo para leer este libro sino también para ponerte en contacto.

Y con eso, te deseo todo lo mejor en tu viaje. Estas palabras siempre estarán aquí si las necesitas, así que no dudes en volver en cualquier momento.

¡Hasta la próxima!

Agradecimiento

Antes de que te vayas, quería darte las gracias por haber comprado mi libro.

Hay muchos libros sobre el mismo tema, pero tú te arriesgaste y elegiste éste.

Así que, gracias por elegirme y por leer este libro hasta el final.

Ahora, quería pedirte un pequeño favor. **¿Podría considerar publicar una reseña del libro? Las reseñas son la forma más fácil de apoyar a un autor independiente como yo.**

Tus comentarios me ayudarán a mí a seguir creando libros que te ayuden a ti a conseguir los resultados que deseas. Así que, si lo has disfrutado, por favor, házmelo saber.

www.ingramcontent.com/pod-product-compliance
Lightning Source LLC
Chambersburg PA
CBHW071147120626